無意識と対話《dialogue》する方法

あなたと
世界の難問を
解決に導く
「ダイアローグ」の
すごい力

前野隆司
慶應義塾大学
大学院教授
×
保井俊之
慶應義塾大学
大学院特別招聘教授

ワニ・プラス

もくじ

まえがき　前野隆司……006

第1章　ダイアローグのルーツ……019

ダイアローグのルーツは西海岸のカウンターカルチャー／焚き火を囲むと懐かしいのは「古層」の記憶／古層に潜っても消えてはいない／世界中に残る、太古の知恵

第1章のポイント……036

第2章　ダイアローグとはなにか……037

ダイアローグをもたらす4つの行動／ダイアローグは意見交換でも、議論でもない／リフレクティブ・ダイアローグとジェネレーティブ・ダイアローグ／ジェンダー論からウィートリーの対話論を語る／カヘンの紛争解決法としてのダイアローグ／ダイアローグでは「自分」と対話する／ダイアローグを導入するメリットとは／わたしたちがダイアローグ的価値観を取り入れた理由／ダイアローグに

おける「感情」について／ダイアローグ的価値観はどのくらい認知されている？／なぜ経営学会がダイアローグに注目するのか／日本にとっては復興運動かもしれない

第2章のポイント …… 082

番外編　ダイアローグに関するQ&A
―対話を実践したいあなたに― …… 083

Q1　ダイアローグに興味があるのですが、始めるきっかけがありません。／Q2　日々忙しく、対話をする余裕なんてありません。そもそも会議やミーティングは最小限の連絡事項のみで済ませたほうが効率が良くありませんか？／Q3　否定されるのが怖くて、自分の意見を素直にいうことができません。／Q4　対話が思いどおりにいかないと、つい怒ってしまいます。／Q5　参加している人とケンカにならないように発言するコツはありますか？／Q6　わたしは自分の感情を表に出すのが苦手です。何かいい方法はありますか？／Q7　ダイアローグでは、論理よりも無意識から出てくるものが重要だといわれますが、どうしても論理から離れられません。

第3章　日本はもともとダイアローグ的な国だった……093

文化のクロスロードとしての日本／意見がはっきりしないのは良いことである／欧米はむしろ日本から学んでいる／デザイン思考も日本発？／表層に古層が露出している日本社会／政治的ロジックの変化／PCの終焉と本音の時代／主客逆転する日本／「古層の論理」をいかに語るか

第3章のポイント……124

第4章　ダイアローグで日本を変える人々……125

フューチャーセンターとワールド・カフェが日本に上陸／若者たちをダイアローグでつなぐ／「みちくさ小道」からすべての人に居場所と出番を／一切衆生悉有イノベーター性／ご近所にイノベーションを起こす「場」づくり／イノベーションを加速させる仕掛けと触媒／日本では「聞く」より「出す」が難しい／社会を変える、種火と北極星／事業にダイアローグを取り入れる／ダイアローグを通じた地域活性化

第4章のポイント……158

第5章　ダイアローグがつくる幸福な未来……159

歴史は繰り返すのか／リトリートするツールとしてのダイアローグ／直線状の時間、円環の時間／リトリートの窓を通じ、表層と古層を行き来する／ロジックで語れないものとしての「美」／表層的な幸福と古層的な幸福／未来の古層を豊かにするために、いまの幸せを表層につくる／「幸せに働く」とはどういうことか／ダイアローグと幸福学は似ている／ダイアローグは無意識のなかに入れる能力である／Googleはなぜマインドフルネスを取り入れたのか／わたしたちはGoogleのエンジニアと同じことをするべきか／関係性の網からサラリーマンを解き放て／ダイアローグで社会を幸せにする

第5章のポイント……208

あとがき　保井俊之……209

まえがき

無意識と対話する方法へ、ようこそ。

まずは、脳と無意識について考えてみましょう。

みなさんは脳のどこをつかっていますか？

大脳とか、小脳とか、大脳のなかにも前頭前野とか脳幹とか、右脳と左脳とか、いろいろな分け方があります。

脳に関する議論は花盛りで、例えば「もっと右脳を鍛えよう」という人もいます。しかし、「もっと前腕の筋肉を鍛えよう」というのと違って、どうすれば右脳を鍛えられるのかとか、どうすれば脳幹を鍛えられるのかとか、わかりませんよね。

脳のことはかなり解明されてきた一方で、どうやったら脳のどこを鍛えられるのかはまだほとんど明らかになっていないのです。いや、脳のどこをどうやって鍛えるという考え方自体に意味があるかどうかさえ明らかではありません。

なのに、現代は脳にこだわる時代。おもしろいですね。

別の見方をすると、脳は「意識」と「無意識」を司っています。ならば、「無意識を鍛えよう」といういい方もできるのかもしれません。

細かいことをいえば、無意識のなかでも潜在意識とか前意識とかいろいろな分類をすることもできます。ですが、ここでは、「意識できない脳の処理」を「無意識的な処理」と捉えることにしましょう。「意識できないこと」、つまり、「無意識にやっていること」全般を無意識と呼ぶことにします。

無意識は、わたしたちが意識する以上に膨大です。何しろ、意識できない部分なのですから、意識的に実感することができない部分を含みます。

円周率はいくつなのかを思い出すとき、脳のどの場所にそれが記憶されているかを考えてそこにアクセスする、ということはできませんよね。どういうわけかわかりませんが、3・14という数字が、突然、または、じわっと、意識のなかに想起されます。といいますか、想起されたという実感を意識できます。

意識できるのは3・14が意識にのぼったあとだけで、それまで脳でどんな計算処理がされたかはまったく意識できません。これが意識できない無意識の領域です。

一方で、いつもは無意識的に処理されているけれども、意識しようと思えばできる事柄もあります。例えば、足の裏と地面（あるいは靴下や靴）との間の触覚。意識すれば、「ああ、足の裏に靴下の布が接触しているなあ」と感じることができますが、普段は意識しません。全身の触覚も、気にしていないときの音も、気にしていないときのにおいも、そうですね。つまり、五感情報には、意識しようと思うと意識できて、注意を向けていないときには意識しないものがあるということです。

要するに、無意識的な脳の活動というのは、ここで述べた記憶の想起や五感の知覚以外にも、ものすごくたくさんあって、わたしたち人間の活動を支えているのです。

ありがたいではないですか。わたしたちの脳の大部分は、わたしたちが気づかない（意識しない、または意識できない）ようなたくさんの情報処理を、せっせとこなしてくれているのです。

拙著『脳はなぜ「心」を作ったのか』（筑摩書房刊）のなかでわたしは、そのさまを「無意識の小人たち」と呼びました。あたかもあなたの脳のなかにたくさんの小人たちがいて、あなたの意識が気づかないところで、せっせと働いてくれている様子の比喩です。

意識は氷山の一角です。

巨大な氷山をイメージしてみてください。水面よりも上に見えているのは、ほんの一部。

これが意識です。我々が見ることができるのは、意識だけ。しかし、水面下に巨大な氷の塊があります。これが無意識の小人たちです。縁の下の力持ちです。わたしたちには見えないところで、せっせと働いているのです。

というわけで、最初の問いに戻りましょう。

みなさんは脳のどこをつかっていますか？

1つの答え方は、意識と無意識です。そして、無意識は、意識できないけれども、じつは膨大。

で、現代の脳神経科学や心理学では、「無意識」の研究が盛んにおこなわれています。無意識の研究はおもしろいものです。なにしろ、予想外ですから。

有名なものでは、「吊り橋の上で愛を告白すると成功しやすい」という吊り橋効果の研究があります。告白された側は、吊り橋が揺れてドキドキするのと、好きになってドキドキしているのとの違いを意識的には判断できずに、好きになってしまうのではないかといわれています。

わたしが携わっている「幸せ研究」にも無意識に関係する事例がたくさんあります。「お金を自分のためにつかうよりも他人のためにつかうほうが幸せになる」とか、「成績は最上位よりも少し下のほうが幸せ」とか。意識では、「お金を自分のためにつかったほうが幸せになるのではないか」「成績は良いほうが幸せではないか（あるいは、成績と幸せは関係ないのではないか）」と考えがちですが、予想外なことに、あなたの幸せは、あなたが意識できない（または、しない）事柄に意外と依存しているのです。

だから、人は無意識的にどうふるまう特徴を持っていて、それが意識的な価値とどう違うのか、を明らかにするための研究が進んでいるというわけです。

運動制御もそうですね。スポーツの初心者は意識して動きます。意識が過剰なので、動きがぎこちなくなります。一方、熟練している人は、動作を身体が覚えているので、考えなくてもスムーズに動けます。

「動きを身体が覚えている」というのは、正確には、身体自体が覚えているのではなく、「脳のなかの無意識的に運動制御をおこなう部分」が覚えている、というべきでしょう。具体的には、小脳が記憶していると考えられています。

つまり、一般に「運動神経が良い」といわれるのは、正確には、「無意識的な活動をおこなう、小脳の学習・制御機能が優れている」というべきでしょう。

つまり、人を好きになるのも、幸せになるのも、スポーツが上手くなるのも、脳の無意識（のなかの小人たち）ががんばっている結果といえそうです。

さて、お待たせしました。この本は、「対話」（ダイアローグ）の本です。

ここまで引っ張って何がいいたかったかというと、対話をする能力にも、恋愛や幸福やスポーツと同様、無意識の小人のがんばりが効いているのではないかということです。

本書の本文にも出てきますが、近年、「対話」の研究や活動が活発化しています。その周辺の研究や活動も活発化しています。気になるキーワードもたくさんあるので挙げてみましょう。

幸福学（ウェル・ビーイング・スタディ）、ポジティブ心理学、マインドフルネス、Ｕ理論、ＮＶＣ（ノン・バイオレント・コミュニケーション）、コンフリクトマネジメント、ソフト・システムズ方法論、フューチャーセンター、フューチャーセッションズ、ワールド・カフェ、ＡＩ（アプリシエイティブ・インクワイアリー）、ホール・システム・アプローチ、システム思考、デザイン思考、システム×デザイン思考、ブレインストーミング、人間中心設計、アジャイル開発、パターン・ランゲージ、弁証法、即非の論理、コーチング、カウンセリング、ミラツク、マイプロジェクト、一人一品運動、芝の家、コクリ!プロジェクト、森のリトリート、小布施インキュベーションキャンプなどなど。

数え上げればキリがありません。

これらの隆盛は、無意識研究の活発化と無縁ではありません。

本文にも出てきますが、討論（ディベート）と対話（ダイアローグ）を比較してみると、非常に興味深いですね。

討論は、論理的。対話は、場当たり的。

討論は、善悪や正誤や内外や自他を分離して、状況を明確化することを目指しますが、対話は、わかり合うことを大事にします。

討論は、結論を急ぎますが、対話は、結論なんてあと回しです。

討論は、理性的な判断を重視しますが、対話は、直感を大切にします。あるいは、感性、感覚を大事にします。

直感、感性、感覚。

これらの言葉に、説明し尽くせない何かを感じませんか？

直感、感性、感覚。

この、もやもやした感じ。論理では、意識では、言語では、語り得ないような、言葉にならない何かを含むこの感じ。

これこそ、無意識の仕業なのではないかと、わたしは思います。彼らです。無意識の小人たち。

「対話」とは、自分は自分だと意識しているあなたではなく、無意識の小人たちに判断や行動を委ねることなのではないでしょうか。討論と違って。

いわば、小人たちとの対話です。

つまり、対話とは、単に相手と話をするものなのではなく、自分の外の人との対話、自分のなかの小人との対話、そして、世界・社会・環境との対話の3つを含むものなのです。

小人を通して人や世界と対話したり、世界を通して小人や人と対話したり。そんな、複合的なやりとりの総体が「対話」なのです。

なんだか、合理的ではなく、謎な感じがするかもしれません。

それは、近代以降の文明が選択してきた、合理主義、論理至上主義、科学的価値観、分析的価値観、正しい物事は観測できるはずという価値観に疑問を投げかけ、人間の本質に迫るためのヒントが含まれているからではないでしょうか。

そこなんです。

大きな歴史的文脈のなかで、対話について語ることは、しかも無意識との関係という形で対話について語るということは、何を基準にどこに立脚すればいいのかという指針を見失いがちな現代人に、重要なヒントを与えてくれるのではないでしょうか。

この問題意識こそが、今回の対談に対するわたしの思いです。

そして、この問題を語り合うためにお迎えした対談相手は、親友であり同僚であり、知の巨人である保井俊之さんです。

前著『無意識の整え方』（ワニ・プラス刊）では、4人の達人たちと、無意識に関わる事柄について語り合いました。彼らは、合氣道家、僧侶、コーチ、医師。膨大な無意識同士がつながると、表面にあって一見会話しているように見えている意識だけでは想像もつかないような深い交わりが可能でした。これぞ無意識の対話の醍醐味。

そこで、今度は、「無意識の対話」を題材に語ることにしました。このテーマを完遂するためには、地域活性化や、人と人とのつながりや、コミュニケーションや、幸せの研究を一緒におこなってきて、世界と日本の最先端事例について常々語り合っている知識人兼対話人、保井さんが最適です。このことをワニ・プラス編集長の宮崎さんに提案したところ、「おもしろい！」とトントン拍子で進みました。これが本書が誕生に至った経緯です。

ちなみに保井さんは現在ワシントンＤＣ在住ですので、本書の対話はすべてインターネットを介してSkype（スカイプ）でおこないました。

便利な世の中になったものです。ありがたいことです。アメリカと日本での対談が簡単にできてしまうなんて。

本書をパラパラとめくっていただくとわかると思いますが、濃い本です。対話、つながり、コミュニケーション、無意識についての。

脚注だらけですね。かなり専門的な内容を、縦横無尽に行き来しながら語り合った本になりました。歴史的な視点や、俯瞰《ふかん》的視点から、ディテールまで。鳥の目と虫の目を駆使した本になりました。

この本だけではわからないところは、脚注をもとに、ぜひ専門書にあたるなどして深く学んでいただければと思います。保井さんとわたしの無意識がつながったのみならず、わたしたちとみなさんの無意識とも、情報源の方々の無意識ともつながれば、望外の喜びです。そして、知の共有が、知の進化への連鎖の起爆剤になるならば、こんなにうれしいことはありません。もしもわたしの浅学により間違いや不十分な点がありましたら、ぜひ、みなさんとの知の共有で解決させていただければ幸いです。

本書が、現代社会の限界を超えて新しい世界をつくりたいと願うすべての方々に届くことを心より願っています。ともに未来をデザインしましょう。

無意識の泉から無限に湧き出る夢や希望を現実にするために歩むすべての方々に、本書を捧げます。

２０１７年１月

前野隆司

第1章
ダイアローグのルーツ

ダイアローグのルーツは西海岸のカウンターカルチャー

前野　本書は、対話（ダイアローグ）について対話してみようという試みです。まずわたしの印象から話しましょう。これまでわたしたちが重視してきたのは、近代西洋型のコミュニケーションでした。自分の考えを明確にして、ロジカルに他者と議論を重ねる。これこそが有意義なコミュニケーションだとされてきた。ところが、近年は、もっと自分の感情も重視して、心の底から出てくるものに注目しようという流れが出てきているように感じます。その代表的な1つが、ダイアローグですね。

保井　はい。アメリカでダイアローグが最初に注目されるようになったのは、ベトナム戦争のころです。いわゆるヒッピー文化に代表されるようなカウンターカルチャーが西海岸を中心に興りました。ノン・バイオレント・コミュニケーション（NVC）[1]をはじめとして「ガンジーに学びましょう」「チベット僧に学んで瞑想をしよう」という諸運動がよく知られています。

前野　ありましたね。

1―ノン・バイオレント・コミュニケーション（NVC）　アメリカの臨床心理学者、マーシャル・ローゼンバーグが体系づけた、「他人を思いやるコミュニケーション」の方法。「非暴力・不服従」を唱えて、インド独立を果たしたマハトマ・ガンジーは、身体的な暴力だけではなく、他人の気持ちを傷つける行為も暴力とみなし、人間社会には後者のほうが圧倒的に多いと説いた。

保井　彼らと対照的な存在だったのが、当時の国防長官だったロバート・マクナマラです。[2]彼はロジカル・シンキングの究極のような存在で、有名な概念であるキル・レシオ[3]を提唱します。味方ひとりが戦死するときの敵方の戦死者数を比率化した指標で、これを用いて戦略を立てたんです。

前野　もっとも効果的なリソースのつかい方を合理的に計算しようというわけですか。

保井　はい。オペレーションリサーチで一生懸命計算して、効果を最大化する。

前野　なるほど、合理主義の極みだ。

保井　ええ。そうやって何ポンドの爆弾を落とせばベトナム戦争に勝てるのかを確定し、その数値に基づいて、政略を練り、政治を動かそうとした。ロジカル・シンキングの極致ですよね。しかし、アメリカに信じる正義があるのと同じように、ベトナムの人々にも正義と信じる主張があります。当然、対立してしまいます。

前野　当然、そうなりますね。

2　**ロバート・マクナマラ**　（１９１６～２００９年）アメリカの実業家、政治家。１９６１年から１９６８年まで、ケネディ大統領およびジョンソン大統領の下で国防長官を務めたのち、１９８１年まで世界銀行総裁となった。

3　**キル・レシオ**　軍事用語では「撃墜対撃墜比率」とも訳され、空中戦をおこなった際の、彼我に発生した損害比率を指す言葉だが、のちに戦略爆撃や地上戦のケースにも応用されるようになった。

保井　対立を止めるためには、「どっちが正しいか」という価値判断をいったん保留しなくてはいけません。そこから生まれるのがカウンターカルチャーと呼ばれるもので、そのなかにネイティブ・アメリカンの人々が持っていた対話文化の再評価があったんです。ここから西海岸でダイアローグという手法が発達していくことになりました。このように異なる正義がギリギリと対立するときに、ダイアローグ的な手法が流行ると考えています。

前野　なるほど。ダイアローグの詳細についてはこれから論じるとして、そうした流れを見ていて、わたしはとても懐かしい感じがするんですよ。なぜかというと、日本人の感覚に近いからです。もっといえば、東洋と西洋の価値観がはっきり違ってくる以前のやり方ってこういうものだったんじゃないのかなと思うんです。

保井　まったくそのとおりだと思います。わたしは[4]クリスティーナ・ボールドウィンの『Calling the Circle: The First and Future Culture』という本が好きなんですが、この本には、ネイティブ・アメリカンの長老たちが、車座（輪）になり、[5]トーキング・スティック

4｜**クリスティーナ・ボールドウィン**
アメリカの自己啓発作家。30年以上にわたって世界各地でセミナーやワークショップを開催。瞑想・探求・目的意識をもとにしたコミュニティーづくりのため、アン・リネアとPeerSpiritを創設し、共同代表を務める。シアトル北部の島に在住。

をつかいながら語り合い、リーダーシップを発揮する文化が紹介されています。この文化は、彼ら独自のものではなく、太古の人類に共通するものだったのではないか。そう考えたボールドウィンは、これを近代合理主義的な文明が登場する以前の「第一文明」と呼びました。ダイアローグのルーツには、こうした火を囲んでいた時代の記憶があるので、だから、懐かしい感じがするのではないでしょうか。

焚き火を囲むと懐かしいのは「古層」の記憶

前野　おもしろいですね。ベトナム戦争時もそうですが、近年、さらに近代合理主義が進展してきたことで、そうしたものへのアンチとして、またダイアローグが出てきた。もともと調和的な対話文化を持っている日本でも注目され始めています。アメリカと日本でその動機はそれぞれ違うんですかね、大きくは一緒なんでしょうか。

保井　基本的な構図は同じだと考えています。なぜかというと、新

5 — トーキング・スティック　ネイティブ・アメリカンたちが話し合いをする際に古くからつかっている道具。話し合う人たちは丸く輪になり（トーキング・サークル）、スティックを持つ人だけが発言し、それ以外の人は異論を唱えることも賛意を表明することもせず、静かに聞き役に徹する。発言者が話し終わったら次の人にスティックを渡すというルールの下に話し合いをおこなう。

しい文化なり文明が入ってくると、古いものとぶつかります。負けた古い文化は「古層に潜る」からです。ちなみに古層に潜るという図式は、ダイアローグの基礎を成す部分でもあります。つまり、どちらも悪くない、どちらが良いかの判断を保留しましょうという手法は、滅ぼさずに古層に潜らせることと同じ構図になっているんです。

前野　なるほど。「古層」という表現はおもしろいですね。

保井　これは、政治学者で思想家の泰斗である丸山眞男先生[6]が1972年に発表した「歴史意識の『古層』」という論文で提示した表現です。

前野　地層のようなイメージでしょうか。だとすると、無意識あるいは深層意識という言葉に近いと思ってもいいですか?

保井　はい、それでいいと思います。論理的な構造で組み立てられている部分、つまり意識されている部分よりも深いところに入り込む。そうすることで判断を保留して、生き残ろうとするという意味を込めてこう呼んでいます。

6―**丸山眞男**（まるやま・まさお／1914〜1996年）政治学者、思想史家。東京大学名誉教授。専攻は日本政治思想史で、日本型ファシズムと日本政治を分析して戦後の政治学を確立し、論壇でも大きな影響力を持った。主著に『日本政治思想史研究』（東京大学出版会刊）『現代政治の思想と行動』（未来社刊）など。

前野　保留された文化には、生き残ろうとする意志があるんでしょうか。

保井　ああ、なるほど。「潜ろうとする」というより、知らないうちに古層に「入ってしまう」というほうがふさわしいですね。訂正します。

前野　地層のイメージを、脳に置き換えてみます。地表に相当するのは大脳新皮質という新しい脳だと思います。かなりざっくりいうと、ここは近代西洋的で、ロジカルにいろんなことを考えている、いわゆる「意識」の部分です。そして、大脳の古い部分である辺縁系や、大脳の奥にある小脳、脊髄は人間になる前の生物だった時代から持っている古い脳で、無意識のうちに働く本能であったり、本質的なものをつかんでいたりする。しかし、わたしの受動意識仮説[7]では、「意識」はじつは何も決めておらず、「無意識」という巨大な情報処理器官の上に成り立っているに過ぎないと考えます。

保井　はい。

前野　保井さんのいう「古層」も、地表に見えているロジカルな世

7一受動意識仮説　著者の前野隆司が2002年に発表した、人間の意識と無意識に関する学説。すべての意思決定は意識以前、いわば無意識下でおこなわれていて、意識は受動的に過去になされた意思決定を合理的なものとしてエピソード記憶する役割しか持っていないのではないか、とする仮説。

界観の下にはとても大事なものが眠っていて、地上のあれこれはその上に成り立っているというイメージですよね。だから古層を掘ると豊かなものを取り戻せる。この構図は受動意識仮説と似ているなと感じます。古層は未来のために大切なものを埋めておく、タイムカプセルなのかな。それとも、地中深くから掘り出される石油のほうが近いかな。

保井　たしかに、太古に死んだ甲虫類などの死骸が地層深くで原油となり、いまの社会を動かしているのですから、その比喩でも良いかもしれませんね。

前野　将来「役に立つ」とわかっていたわけではないけれども、歴史のなかで起こってきたさまざまな事態への対応策みたいなものが、古い層には蓄積されている。それは論理的には上手く説明できないものではあるけれど、近代西洋型思考をベースに構築された現代において「想定外」とされるものや、解決不可能な物事に対処するヒントになる。

保井　そうですね。ダイアローグの原型は、ネイティブ・アメリカンが火を中心に、車座になって話をしていたというスタイルでした。わたしは、これをボールドウィンと同じく文明の古層にあるスタイルだと思っています。ユング派心理学を発展させた京都大学の河[8]合隼雄先生が導入した箱庭療法では、[9]「ゲニウス・ロキ」という概念を用いて説明していますね。これは、その場所や土地に宿る精霊、いわば地霊のようなものです。

前野　おお。

保井　新しい文明や文化がやってくると、古いものはいったん破壊されてしまう。でも、それは完全に消滅してしまうのではなく、グッと下に潜って、意識の湖底に沈んでいくだけなんです。それは、わたしたちの記憶の底に「感じ」として生き残っている。近代合理主義が支配的になり、車座で火を囲んだ太古の記憶はほとんどの地域で滅んでしまいました。しかし、それは、記憶の古層には残っている。だから「そういえばそんな時間を過ごしたことがあったよね」「楽しかったな」という、懐かしい「感じ」が心の奥底からやってくるんじゃないでしょうか。

前野　となると、やはり日本は、その記憶の古層をわりあい多く残している国じゃないかと思えてきますね。

保井　そう思います。ネイティブ・アメリカンとの比較でいえば、日本の伝統家屋には、家族が火を囲む囲炉裏という設備がありました。輪になって踊る盆踊りも似た構図ですね。これはいまでもおこなわれています。

前野　そうですね。

8―**河合隼雄**（かわい・はやお／1928〜2007年）心理学者。京都大学名誉教授、文化功労者。元文化庁長官。分析心理学、臨床心理学、日本文化を専門とし、日本人として初めてスイスのユング研究所でユング派精神分析家の資格を取得。日本における分析心理学の普及に尽力した。「箱庭療法」を日本へ初めて導入したことでも知られる。

9―**ゲニウス・ロキ**（genius loci）ローマ神話における土地の守護精霊。ラテン語で「ゲニウス（genius）」は事物に付随する守護霊を表し、「ロキ（loci）」は「場所・土地」という意味。蛇の姿で描かれることが多い。

保井　日本のような島国は、新しいものが入ってきたときに逃げ場がないので、調和させるか、古層に潜らざるを得ないというのがあって、潜り慣れてるのではないでしょうか（笑）。

前野　ああ。いつも潜りまくっているわけですか（笑）。

保井　はい。ところがアメリカはそれまで近代合理主義でずっと来れてしまった。だからこそ60〜70年代にベトナム戦争を経験したことで、西海岸の人々が初めて古層に潜り、古い知恵を再評価することになったといえるかもしれません。

古層に潜っても消えてはいない

保井　歴史において数々の文化と文化、論理と論理がぶつかり合い、その都度ある意味での勝ち負けが決まってきました。ネイティブ・アメリカンも「征服」されましたが、負けたものが無になってまったく消えるわけではありません。論理ではない、意識されないところに潜り込んでいくんです。ですから、近年でいえば世界中に広がった[10]オキュパイ・ウォールストリート運動や、香港での[11]雨傘

10―オキュパイ・ウォールストリート運動　２０１１年9月17日から、世界的な金融機関が集まる米ニューヨーク・ウォール街で発生した若者らによる草の根デモ。おもにネット経由で集まった参加者は、"We are the 99%"をスローガンに、富裕層への課税強化などを訴えた。

11―雨傘革命　香港で２０１４年9月に始まった、真の普通選挙を求めた民主化要求運動。警察の催涙ガスに対抗するため、民主派の学生や市民のデモ隊が雨傘を開いてガードしたことから、この名で呼ばれることとなった。

革命、台湾の[12]ひまわり学生運動といった運動は目的を必ずしも完全に達成することなく終息しましたが、これらもまったく消えてしまったわけではなく、必ず人々の無意識の古層に残る。そうしたものが、わたしたちの次の振る舞いをつくり出すのだと考えています。

前野　「負けて勝つ」みたいなことでしょうか。いや、むしろ負けてはいないのかもしれませんね。競争社会で打ち勝つ人を調べてみたら、異常に闘争本能が強かったり、極端なほどポジティブだったりするという調査結果があるんです。もし本当にそうだとすると、現在社会は異常に勝ち好きな人が勝ってしまう仕組みになっているのかもしれません。普通の人は負けてしまう。でも、本当は彼らも勝っているんじゃなくて、富や地位などを得ているから、近代合理主義の価値観では一見、成功しているように見えるだけじゃないかともいえます。

保井　そうですね。中南米については、とくにそういう思いがします。この地は、数百年前にスペイン、ポルトガルからやってきた人々によって「征服」されたといわれています。マヤ文明も「滅んで」

12—**ひまわり学生運動**　2014年3月18日に、台湾当局が中国との貿易協定に強硬調印したことに反発した学生らが、立法院（国会）を占拠した事件から始まった社会運動。占拠の状況はネット動画などで配信され、支持者たちがシンボルのひまわりを院内に続々と送り込んだ。

しまいました。でも、例えば、ノーベル文学賞を受賞したガルシア・マルケス[13]や中南米の小説家が好んで書いているのは、古層に潜った、先住民たちの意識の話でしょう。アートの世界は、わたしたちの無意識内で起こっていることを、もっとも先進的に表していると思うんです。ですから、ロジカルな世界では「征服され、滅んでしまった」といわれているものが、古層にはちゃんと生き続けていることをまさに示しているのだと思えます。そして、わたしたちはそれが非常に豊かで大切なものだとちゃんと評価しているんです。

前野　なるほど。そういえば先ほど話題に出たユング派心理学も亜流とされたり、過去のものと見なされがちです。しかし現代の脳神経科学から見ると、無意識についての探求はむしろ進んでいたと再評価されている面もあります。いったん否定されたり、古びてしまったかのような顔をしていたけど、じつは本質的な面は否定されておらず、それがちゃんと見直されることもある。

13―ガルシア・マルケス　（1928～2014年）コロンビアの小説家。魔術的リアリズムの旗手と称され、1982年にノーベル文学賞を受賞。代表作に『百年の孤独』（新潮社刊）、『予告された殺人の記録』（新潮文庫）などがある。

世界中に残る、太古の知恵

保井　ネイティブ・アメリカンには分配の知恵もあります。彼らはお酒やタバコを回し飲みするんですが、これは希少なお酒やタバコを、分け隔てなく、平等に分配するために生まれた文化だと考えられています。この発想もまた、ダイアローグとすごく密接に関係しているんです。

前野　なるほど。昨年、ブータンでも同じような体験をしました。麺料理のお店が何軒か集まっている一角があったのですが、そのうちいちばん美味しい一軒がとりわけ賑わっていたんです。ところがすぐに品切れになって閉店してしまった。それで、ある日本人の駐在員が「あなたの店は美味しいんだから、もっとたくさんつくればいいのに」と話したら「とんでもない。そんなことをしたら他のお店がやっていけなくなるでしょう」と答えたんです。この発想は、ネイティブ・アメリカンと似ているし、わたしたち日本の古層にある文化とも似ていませんか？

保井　ええ、そう思います。ブータンの調査は、西岡京治[14]先生をは

14｜**西岡京治**　（にしおか・けいじ／1933〜1992年）農業指導者、植物学者。海外技術協力事業団（現ＪＩＣＡ）に所属し、コロンボ計画の専門家としてブータンに赴任。28年間にわたりブータンの農業振興に人生を捧げ、「ブータン農業の父」と呼ばれた。同国でもっとも名誉ある「最高の人」を意味する「ダショー」の称号を国王から贈られ、現地で急性腎不全で死去した折には国葬が執りおこなわれた。

じめとする、大阪市立大の探検隊が１９６０年代からおこなっていますね。調査の結果などから概念化された「照葉樹林文化論」[15]では、チベット、ブータンから中国・雲南省を経て、日本にまでつながる植生と文化の共通性が論じられています。

前野　ブータンとチベット、日本はＤＮＡが非常に似ていて、その共通のルーツはバイカル湖畔から南下したブリヤート人ではないかという説もありますね。彼らは中国や朝鮮半島にも南下したはずですが、その後、現地の新モンゴロイドと混血したのではないか。しかしこの3つの地域は、山や海によって周囲からわりと隔絶しているので、長い年月を経ても似たＤＮＡが保たれているのではないか、というわけです。

保井　あー、たしかにそうですね。わたしもブータンには20年以上前に何度か行ったことがありますが、たしかによく似ていると感じました。そういえば、彼らも食事をするときに車座になりますよ。

前野　そういえばそうですね。わたしもある家族と一緒に輪になって食べました。

15—照葉樹林文化論　中尾佐助、佐々木高明らが提唱した文化人類学の一学説。照葉樹林は日本南西部から台湾、中国南部、ブータン、ヒマラヤに広がる植生で、その地域に住む民族が共通する文化を持っているという説。神話・伝説をはじめ、衣食住ほか各種習俗に共通点が多く見られ、日本の伝統文化の基盤をなしている。

16—幸福学　前野隆司のライフワークの1つ。「幸せとはそもそも何か」「人はどうすれば幸せになれるのか」といった総合的な課題を明らかにするとともに、「人を幸せにする製品やサービスの開発」「顧客や従業員を幸せにする経営」「住民を幸せにする地域活性化」などの課題を具体的に解決するための研究・教育をおこなっている。

保井　お酒は互いに注ぎあっていたと思います。日本でも見られる文化ですが、西洋では怒られてしまうでしょう（笑）。例えば沖縄の宮古島などにはオトーリ（お通り）という風習があります。車座になって泡盛を回し飲みするものですが、これも、もともとは酔っ払うための儀式ではないんです。島ではなかなか手に入らない、少ないお酒をみんなで平等に楽しむための工夫だったんです。

前野　祖先が同じようなものを残しているのはおもしろい。

保井　わたしには、非常にダイアローグ的な人たちに見えます。

前野　先日、[16]「幸福学」の調査でフィジーに行ったんです。『世界でいちばん幸せな国フィジーの世界でいちばん非常識な幸福論』（いろは出版刊）という本を書いた永崎裕麻さんに会いに。彼によれば、この国のお店でビールを飲んでいると、隣の人が勝手にその瓶を自分のコップに注いじゃうそうなんです（笑）。

保井　それはすごい（笑）。

前野　もともと所有の概念が薄くて、言語的にも「わたしのモノ」は「わたしたちのモノ」でもあるらしいんですね。彼らとも、車座になって、カバという飲み物を回し飲みしました。

保井　そうなんですね。車座での食事は、料理を大皿に盛って、みんなでシェアするカタチになります。これも「わたし」と「わたしたち」を区別しないことに通じますね。

前野　そうなんですよね。わたしが対価を払ったのだから「わたしのモノ」と感じる一方で、料理を大皿でシェアするという習慣も日本人やブータンの人々はまだ持っている。所有という感覚は、もしかすると貨幣経済に縛られた結果なのかもしれない。

保井　ヨーロッパでも、料理を一皿ずつ小分けに盛る方式が広まったのは19世紀以降です。それまでは、旅籠《はたご》でも、大皿にどんと料理が置いてあって、自前のナイフとフォークで各自が取って食べていた。シェアしていたんです。なにか諍《いさか》いが起きると、食器が武器に早変わりしていたなんてエピソードも残っています（笑）。

前野　ははは（笑）。

保井　イギリス民衆文化の専門家である小野二郎さんの名著『紅茶を受け皿で　イギリス民衆芸術覚書』（晶文社刊）に、アイルランドのスライゴーの食堂でおばあさんが紅茶をカップから受け皿にあけてから啜るのを目撃した著者が、「ああ、これが庶民の伝統か」と感動するエピソードが出てきますよね。これが変わったのはロシアの宮廷料理の影響だといわれています。温かいものを美しく提供したいという考え方から一皿ずつ出すスタイルが生まれ、それを19世紀前半に活躍し、ウイーン会議を成功させたフランスの外交官タレーランの料理人として働き、フランス料理の発展に大きな貢献があったアントナン・カレームが取り入れた。それがイタリア、ドイツ、スペインなどの各国貴族に広がり、やがて庶民も真似するようになった。ですから中世まではシェアする文化があったようです。

前野　なるほどね。だからやっぱり東洋、西洋という分け方じゃないんですよね。西洋の思想が悪いというわけじゃない。

保井　はい。イギリスで産業革命が始まって以来、工業を中心に、デカルトに代表されるような近代合理主義が出てきた。物事をピースに分けて考えると上手く解決できるという「要素還元主義」[17]が世界を席巻するようになる。わたしが「西洋近代合理主義」というときは、これを指しています。

前野　そうですよね。ダイアローグ的なものはもともと西洋にも、東洋にもあった。たまたま現在の日本から見ると、ネイティブ・アメリカンやブータンや太平洋の島々が気になるということなんですね。

保井　そのとおりです。

17―**要素還元主義**　複雑な物事を理解しようとするときに、それを構成する単純な要素に分割し、それぞれの単純な要素を理解すれば、元の複雑な物事の性質を理解できるとする考え方。その発祥は古代ギリシャ時代にまで遡るという説もあるが、近代においては、『方法序説』（1637年刊）を著したデカルトが、要素還元主義の祖といわれている。

第1章のポイント

従来の議論、討論とは違う、
対話（ダイアローグ）が世界の注目を集めている。
（近代合理主義、要素還元主義、進歩主義的世界観では
解決できない問題に対処する方法）

ダイアローグ理論のルーツは
ベトナム反戦運動時のカウンターカルチャー。

一見「負けた」ように見える論理や古い文化も
完全に消滅することはなく、「感じ」「懐かしさ」として
文化の古層に生き続けている。

世界各地の文化・文明の「古層」には、意見・正義・文化の衝突を
防ぐための知恵（ネイティブ・アメリカンのトーキング
スティック、車座で語り合う文化など）が数多く埋まっている。
わたしたちはその有効性を無意識で感じ取っているのではないか。

第2章
ダイアローグとはなにか

ダイアローグをもたらす4つの行動

前野　ちょっと前段の話が弾んでしまったので、話をダイアローグそのものに戻しましょう。ダイアローグについて解説するためには、誰から触れるのがいいですか？

保井　やはり学問的によく引用されるのはウィリアム・アイザックス、オットー・シャーマー、マーガレット・ウィートリー、アダム・カヘンの4人ですね。

前野　ひとりずつ、それぞれの特徴や関係をお聞きできますか。

保井　やはり最初はウィリアム・アイザックス[1]がいいのではないでしょうか。ダイアローグの基本構造をまとめた人物です。ここまでお話ししてきたように、ダイアローグは近代合理主義的な思考から脱しようとする方法ですが、アイザックスがおもしろいのは、これを近代合理主義的な論理をつかってまとめているところです。

前野　ははは、なるほど（笑）。

保井　アイザックスは『Dialogue: The Art Of Thinking Together』など多くの著作を出している一流の学者で、ＭＩＴスローン・スクール・

1―ウィリアム・アイザックス　量子物理学者。ＭＩＴ（マサチューセッツ工科大学）教授で、同校の組織学習センターの共同創設者。ダイアローグ研究の第一人者であり、リーダーシップと成長戦略のコンサルティング会社「ディアロゴス」ファウンダーであり代表を務める。

オブ・マネジメント（経営大学院）で教えている教授です。大企業のコンサルタントなどもしながら、ＭＩＴで多くの経営者を教え、育て、その一方で、ダイアローグの原著論文を書きました。

前野　アイザックスはどこからダイアローグにたどり着いたんでしょう。

保井　経営学です。彼はフォード、モトローラ、シェルといった超一流企業の経営指南をしていたのですが、何かが本質的に違うと感じていたフシがあります。やがて対話の重要性に気づき、１９８０年代後半からダイアローグについての論考を書き始めるようになりました。

前野　まさに経営学の最前線にいたんですね。

保井　ええ。アイザックスはこれまでの対話のあり方を変え、新しいダイアローグの場をもたらすために必要な４つの行動を構造化して提示しました。それが聞く（listening）、大事にする（respecting）、保留する（suspending）、出す（voicing）です。これを実践すると、振る舞いが変わり、そして直感的に気づき、これまで見えなかったことが「なるほど」と納得できるようになるというんです。

前野　ダイアローグをもたらす行動の「聞く」は、カウンセリングの「傾聴」を連想します。アイザックスはカウンセリングから引用して、経営学に応用したんでしょうか。

保井　おそらくそうだと思います。経営学だけでなく、コーチング[2]にもカウンセリングの傾聴は応用されていますね。

前野　カウンセリングという手法も、診断と処方によって患者を治そうとする従来の客観的でロジカルな医学に対するアンチとして登場してきた側面があるようです。科学的・客観的な診断より、まず患者の主観的な言葉を傾聴することを重視する。そうした「聞く」ことへの注目があるなかで、経営学にも自然に入ってきたのかなと想像します。

保井　おそらくそのとおりだろうと思います。70年代後半から、マサチューセッツ大学医学部では、ジョン・カバットジン[3]教授が中心になり、うつ病治療とストレス軽減にマインドフルネスや瞑想をつかう講座が始まりました。これは、悪い部分を特定して切除したり、良くない症状をなくす薬を投与するという、従来の医学におけるアプローチとはまったく違います。カウンセリングが患者さんの声を傾聴するように、自分自身の身体や心に耳をすますための方法です。そういう流れがあったのはたしかだと思います。

2｜**コーチング**（coaching）人材開発の技法の1つで、対話を通じて相手の自己実現や目標達成を図る技術。「答えはその人の内部にある」というコーチングの原則に基づき、相手の話をよく聴き、感じたことを伝えて承認し、質問することで、自発的な行動を促すコミュニケーション技法。教師や管理職などが、その知識や経験に基づき、生徒や部下などを目標達成へと導く指示・命令型のティーチング（teaching）とは異なる。

3｜**ジョン・カバットジン**（1944年〜）マサチューセッツ大学医学部名誉教授。同大マインドフルネスセンターの創設者兼センター長。国際観音禅院の崇山行願に禅を師事し、修行法と教理を学んだ彼がそれを西洋科学と統合させ、1979年に「マインドフルネスに基づくストレス低減法（MBSR）」というプログラムにまとめたのが、マインドフルネスのはしりといわれる。

前野　なるほど。うつ病治療についてもうちょっと補足すると、抗うつ剤処方が中心だったところから、認知行動療法[4]が生まれ、そのなかでカバットジン教授のマインドフルネス認知行動療法も出てきたということですね。

保井　おっしゃるとおりです。

前野　「大事にする」「保留する」というのが出てくるのも、おもしろいですね。

保井　ディベートをやるとよくわかるかもしれません。

前野　ディベートのアンチだと思えばいいんですか。

保井　相手に勝たなくちゃいけないから、大事にしたり、保留なんかすることはできない。ディベートは賛成か反対かを明確にして、その論拠をぶわーっと述べなくちゃいけないですから（笑）。

前野　人間の定義、人間観が変わってきたのかもしれませんね。「人間はみな、論理的で、それぞれが単一の人格や意見を持っているはずだ」という立場と「いやいや、人間はその場の雰囲気や眼の前にいる相手によって意見も性格も変わってしまうし、変わって良いん

4　**認知行動療法**　従来の行動に焦点をあてた行動療法に対し、アメリカの精神医学科医、アーロン・T・ベック博士が最初に発表した、ものの受け取り方や考え方などの認知に焦点をあてて修正する心理療法。

じゃないか」という立場。近代合理主義では、前者が主流だったと思うのですが、後者にコミットするようになった。

保井　ええ。近代経済学への疑問が生じたのもほとんど同時期なんです。従来の新古典派経済学[5]では、ホモ・エコノミクス（経済的合理性に基づき、個人主義的に行動する人間モデル。「経済人」とも訳される）を前提にしていました。想定されている人格はこの1つしかなく、かつ、すべてを功利主義的に、効用曲線[6]で判断していたんです。でも、実際の人間がそうじゃないのは明らかですよね。たとえ10円高くても、気に入った店員さんのいるお店を利用したりします。これは新古典派経済学では非合理だとされ、想定されない行動でした。しかし80年代後半になると複雑系[7]の時代に入り、そこでは価格以外の多様な要素も考慮されるようになり、ホモ・エコノミクスという前提自体がおかしいという話になったんです。

前野　現在の行動経済学[8]にもつながっている考え方ですね。人間の特徴を考慮するという視点は、心理学の世界でも、京都大学の内田由紀子先生などが研究なさっている文化心理学[9]というものが出てき

5―**新古典派経済学**（neoclassical economics）アダム・スミスやJ・S・ミルらの、所得分配と成長の結びつきを重視する「古典派（正統派）経済学」の理論を継承、発展させた理論体系。「生産物はすべて売れる」「価格調整により、需要と供給が等しくなるように調整される」などの理論がある。

6―**効用曲線**　消費量と効用の関係を示した曲線を指す。①消費量が増加すると効用は増加する。②消費量の増加に伴う効用の増加分は、消費量が増加するほど減少する。という2つの特徴があると仮定されている。

7―**複雑系**（complex system）相互に関連する複数の要因が合わさって全体としてなんらかの性質や振る舞いを見せるが、その全体としての挙動は個々の要因や部分からは明らかでないものをいう。1990年代から注目を集めるようになっ

ています。西欧で発達してきた心理学において、個人とは「自分自身の意志、意見をはっきり持っている」という個人主義的人間観が大前提になっていました。その意味でいうと「意見をはっきりいわず、集団に合わせがち」である日本人は、未熟な個人ということになってしまうけど、それは違いますよね。その前提を採らない文化心理学においては、集団主義的な行動も劣っているわけでなく、1つの戦略であると、フラットに扱うことができるそうなんです。

保井　なるほど、それは同じ流れですね。

ダイアローグは意見交換でも、議論でもない

前野　4つの行動を逆に見れば、それまでの対話は、聞かない、大事にしない、保留しない、出さないという世界だったということですかね。

保井　そうなりますね（笑）。例えば「自分の意見を通す」ことに主眼を置けば、誰のいうことも聞かないで、尊重もしないで主張し続ければ良いということになります。また、良い悪いを迅速に判断したいから、保留はしない。思いつきの意見はす

たモデルで、代表的な概念がフラクタル（fractal）とカオス（chaos）である。

8｜**行動経済学**　(behavioral economics)
従来の古典的な経済学がモデルとする経済人を前提とした経済学ではなく、生身の人間を対象とし、人間がどのような状況下で、どのように選択・行動し、その結果どうなるかを究明することを目的とした経済学の一分野。

9｜**文化心理学**　(cultural psychology)
社会心理学の一種。人間の心について歴史的・文化的背景から考察する。具体的なデータを用いた実証研究の要素が強い。主要な対象は、文化一般の問題、とりわけ宗教や芸術、言語の成立と機能など。

ぐには口にせず、まわりの人を説得できるよう、論理的にまとめてから出しなさい、という感じでしょうか。

前野　ああ、なるほど。まさに現代の会議にありそうな場だ。

保井　誰もが経験していますよね。

前野　ですね。アイザックスが関わる経営学において、彼がこれをいい出した80年代後半というのはどういう時代だったんですか？

保井　ＭＩＴやハーバードの経営学講座の先生たちは、常に新たなオルタナティブ（選択肢）を提案しようと世界中の企業を研究し、試行錯誤を繰り返しています。とくに80年代から90年代にかけてはそういう切迫感が強く、トヨタやソニーといった企業の日本型経営が持て囃《はや》されたりもしていました。

前野　なるほど。

保井　そういった流れの1つとして、アイザックスはダイアローグを見つけたということではないでしょうか。オットー・シャーマー[10]も同じようにして、禅のようにプレゼンシング（プレゼンス＝存在、センシング＝感じるの合成語）するといいのではというところ

10―**オットー・シャーマー**　マサチューセッツ工科大学上級講師、プレゼンシング・インスティチュート創設者。持続可能な世界をめざす部門横断的な活動体ＥＬＩＡＳ創設者でもある、Ｕ理論の提唱者。

11―**Ｕ理論**　オットー・シャーマーが世界のトップリーダー約１３０名にインタビューし、紡ぎ出された理論。Ｕ理論の大きな３つのプロセスは、①センシング「ただ、ひたすら観察する」、②プレゼンシング「一歩下がって、内省し、内なる知（ノウイング）が現れるに任せる」、③クリエイティング「素早く、即興的に行動に移す」である。

から[11]U理論を提唱しています。これもダイアローグに非常に近いアプローチで、彼らに共通しているのは、[12]マイケル・ポーターなどに代表される[13]経営戦略論に代わる新たな選択肢を提示したところだといえるでしょう。

前野　たしかに。U理論では、判別・判断・予測を保留し、目の前の事象に釘付けになるくらいにただひたすら観察し、執着を手放し、共感して感じ取ると、新しい未来が出現するといいますね。ダイアローグとよく似ています。シャーマーとアイザックスは同じＭＩＴです。２人は友だちなんですか？

保井　そのようです。お互いに、論文や著書を引用し合っています。アイザックスの功績としてもう１つ重要なのは、学問の世界に初めて、リフレクティブ（内省的）・ダイアローグとジェネレーティブ（生成的）・ダイアローグというコンセプトを提示したことです。

前野　リフレクティブとジェネレーティブ。

保井　いまでも大多数の人が、対話とは「自分以外の他人と、それぞれの主張やエゴを言葉でぶつけ合い、意見交換をするものだ」と

12—**マイケル・ポーター**（１９４７年〜）ハーバード大学経営大学院教授。１９８２年に同学史上最年少の正教授となる。代表的著書『競争の戦略』（ダイヤモンド社刊）は経営戦略論の古典とされ、多くのＭＢＡコースの定番教科書になっている。

13—**経営戦略論**　企業が経営戦略を策定・遂行・評価するプロセスを研究する学問。マイケル・ポーターは、企業の基本戦略は突き詰めると①コストリーダーシップ戦略、②差別化戦略、③集中戦略の３つしかなく、どの戦略を選択するかが長期的な経営戦略のベースになる、と主著『競争の戦略』で述べている。

いう認識だろうと思います。いわゆるディベートやディスカッションのようなものですね。ところがアイザックスは、ダイアローグはそれとは違うということを、この2つのコンセプトで示したんです。

1つめは、自分の主義を主張したり、議論に勝つのではなく、自分の心の内面で、気づきをもたらすような対話です。誰かと言葉のやりとりはするんだけど、気づくのはあくまでも自分。それがリフレクティブ（内省的）・ダイアローグです。

2つめが、前野さんが研究されているフロー[14]の状態に入るためにダイアローグを利用するもので、それがジェネレーティブ（生成的）・ダイアローグです。

前野　ああなるほど。対話を定義したわけですね。

14―フロー（Flow）心理学者のミハイ・チクセントミハイによって提唱された概念で、人間が自分自身の心理的エネルギーを100％、そのとき取り組んでいる対象に注ぎ、チャレンジとスキルが釣り合う状況で物事に没入する体験。ゾーン（Zone）体験とも呼ばれる。

リフレクティブ・ダイアローグとジェネレーティブ・ダイアローグ

保井　そうなんです。ちょっと整理してみましょう。アイザックスはまず、討論（discussion）と対話（dialogue）を、異なるものとして明確に分けています。討論とは、あらかじめ用意された問題解決のための選択肢を取捨選択するための意思決定をおこなうための話し合い。対話とは、選択肢そのものの幅や深さ、性質を広げていくべくおこなわれる話し合い。彼はそう定義します。さらに対話には、先に述べたように、リフレクティブ（内省的）・ダイアローグとジェネレーティブ（生成的）・ダイアローグの2つがあります。

前野　それぞれのポイントを教えてください。

保井　アイザックスによれば、リフレクティブ・ダイアローグとはまず、自分が拠《よ》って立つ大義、ルールや思考の前提といった合理的判断の根拠に基づく議論を離れるとしています。そして深い疑問や問題の組み立て方（framing）を探求するために自分の心のなかへ潜っていくのです。対話するのは自分と自分自身の心の深い無意識の部分。これまで抱えていた問題や疑問の組み立て方自体を、より大きな視点で組みなおす再組み立て（re-framing）のための対話と言い換えても良いかもしれません。

前野　組み立て方自体を組みなおす……。

保井　はい。また、ジェネレーティブ・ダイアローグでは、対話への参加者が各自の見解や立場を完全に離れ、個人としての思考の枠も取り外します。そして会話の流れのなかに身を浸すことから、何か新たなものが対話の集団そのもののアウトカムとしてつくり出される。リフレクティブ・ダイアローグからさらに一歩、協創の段階に入った対話のあり方です。集合的フロー（collective flow）とでも呼べる状態で、これまでにない可能性や新たな気づきの地平が、対話の参加者全体に開けます。そして、フローに包まれたその集団は、新しい段階に達し、それまでおこなってきた対話に関する新たな理解や意味づけが生まれ、共有されるのです。

アイザックスはジェネレーティブ・ダイアローグの例えとして、ジャズの即興演奏を挙げています。ひとりひとりのプレーヤーの無意識の世界から繰り出すメロディの数々が全体として新しい音楽をその場でつくり出し、その音楽がプレーヤー個々の演奏に働きかけて、さらに新しい音楽を演奏者全員と聴衆がともにつくり出していく、というイメージでしょうか。

前野　なるほど。ダイアローグの特徴である、自分の無意識との対話、自分以外の他人との対話、そしてそれらを取りまく環境との対話、の３つを表す比喩として、ぴったりな気がします。

ジェンダー論からウィートリーの対話論を語る

保井　続けて、マーガレット・ウィートリー[15]についても紹介しますね。従来の議論においては、論理的に考え、相手の意見を論破し、勝ったほうの主張が通ります。誤解を恐れず単純化して述べるならば、経済的に豊かな先進国で育ち、高等教育を受けた、社会的地位の高い、白人の年長男性が勝ちやすいルールとも捉えられると思います。これに異議を唱えてきた勢力が大きく2つありました。1つはジェンダー[16]問題に関わる人々で、もう1つが世界中で起こる紛争をなんとかしたいと思っていた人々です。この前者の立場から、注目を集めたのがマーガレット・ウィートリーのダイアローグ論です。

前野　思わずウーマン・リブ運動を連想してしまいましたが、ウーマン・リブ運動とは違うんですよね？

保井　ウーマン・リブは極端にいってしまうと、「わたしたち女性も白人男性のように強くなろう」という主張だったということができると思います。いまの議論でいえば、マイノリティも論理的な議

15｜**マーガレット・ウィートリー**　ハーバード大学で経営学の教授を務めるかたわらコンサルティングや講演活動をおこない、世界の人々に向けて新しい組織論を展開。1992年に初めて出版した『リーダーシップとニューサイエンス』は世界15カ国語に翻訳され、数々の賞を獲得。世界的な慈善団体・ベルカナ研究所の共同創設者で、名誉所長を務める。

16｜**ジェンダー**　(gender) 社会的・文化的性別。生物学的性別のセックス (sex) とは異なる。

論の場で勝てるようになるべきという考え方です。これに対して、マーガレット・ウィートリーの対話論は「その競争の枠組み自体がおかしい」という主張です。彼女は『「対話」がはじまるとき――互いの信頼を生み出す12の問いかけ』(英治出版刊)という著書で、ダイアローグが始まるための条件を提示しています。裏返して読むと、それまで女性たちをはじめとする当時のマイノリティがいかに強者である男性にルールを押し付けられ、それを押し戻していく過程だったのかがわかるんです。

前野　最近、支配的な男性リーダーよりも調和的な女性リーダーが必要とされる時代になっているという主張があります。その話とも合致していますね。

保井　そう思います。女性は自分自身であり、妻であり、母であり、職業人であるという複数のポジションを無理なく同時にこなせる可能性があるともいわれたりしますね。自宅に帰っても、例えば会社での役職である「部長さん」のままで振る舞ってしまうタイプの男性よりも、組織においても、家庭においても柔軟に対応できるのではないでしょうか。ダイアローグにおいても、女性はフラットな対話構造になじみやすいジェンダーだといわれています。

前野　男女不平等な社会がずっとあって、それを解消するためにウーマン・リブでは「男女は同じだ」と主張された。それが現在では、男女それぞれの違いの良さを生かすカタチで平等を実現しようというインクルーシブな時代になってきたということでしょうか。

保井 そうですね。ウーマン・リブのあとには、その前提となるジェンダー心理学[17]の時代がありました。一時期話題になった『話を聞かない男 地図が読めない女』(主婦の友社刊)という本が象徴的な例です。

前野 ありましたね。ただ、そのタイトルになっている男女差については結局否定されたようですね。

保井 ええ、統計的にはそんな違いはなかった。

前野 その一方で、いくつかの性差については統計的な有意差が認められています。例えば、女性のほうが協調的である、男性のほうが攻撃的になりやすい、というのは統計的な有意差がある。ただ、平均値に差があっても、個人のバラツキが大きすぎて、思ったほど明確な差とはいえないということも明らかになっています。そりゃそうですよね。男性でも協調的な人はいるし、女性でも攻撃的な人はいますから。我々が、男性とは、女性とは、というときのステレ

17―ジェンダー心理学 「男は強く、女はかよわい」といった男女差に対するステレオタイプな意識がなぜ生まれ、どのようにして人びとの心のなかに定着するのか等について研究する心理学の一分野。

オタイプの議論は、平均値の話でしかない。国家や人種の話も同様です。平均値とバラツキの議論には注意が必要です。

カヘンの紛争解決法としてのダイアローグ

保井　近代合理主義社会における強者は、自らの論理や都合を押し付けがちです。その結果、さまざまな紛争が起きます。これに異議を唱えるために、ダイアローグを提唱したのがアダム・カヘン[18]です。彼は対話を通じて、紛争を止め、平和裏に解決できるのではないかと提案します。

前野　ええ。

保井　カヘンはコンフリクトマネジメント[19]の世界からダイアローグに入ってきた非常に大きな存在です。彼は、さまざまな紛争の現場を歩き、みなが口々に「我々こそが正義だ」とロジカルに主張する様子を見てきました。しかし、正義と正義の衝突は物事を解決するには至りません。結果として、武力による不毛な争いを続けることになってしまう。そこで、彼はまず、ロジカルなメタ思考[20]を提案し、

18—**アダム・カヘン**　企業、政府や市民社会が解決困難な課題に取り組む支援をおこなう社会企業、レオス・パートナーズ社の北米会長を務める。オックスフォード大学経営大学院「科学・イノベーション・社会研究所」特別研究員。1991～92年には南アフリカの民族和解を推進する「モン・フルー・シナリオ・プロジェクト」に参画。以来、OECDほか政府、企業や大学などで戦略立案や調査研究に従事し、問題解決プロセスのオーガナイザー兼ファシリテーター—として、世界50カ国以上で活躍している。

19—**コンフリクトマネジメント**　紛争・対立マネジメントともいう。「意見や利害の衝突、葛藤、対立」といった組織運営においてマイナスとみなされてきた状況を、組織の活性化や成長の機会と捉え、戦略的にコンフリクトを活用しようとする考え方。

ダイアローグによって解決しましょうということに意を尽くすようになったんです。

前野　イデオロギーのような根本的な主義主張が異なっていても、アダム・カヘンの主張するダイアローグを取り入れると、解決できるということですか。

保井　そうですね。彼自身はそういう表現はつかわないのですが、わたしの解釈では「保留」できるんだと思います。どんなに根本的で揺らがないと自分が信じる価値観も保留できるし、相手の価値観も大事にできるのだと繰り返し書いています。

前野　保留って、白黒をはっきりさせたい人から見ると「単なる先延ばしだ」といいたくなってしまいますよね。実際、領土問題のような政治的な課題で、何度もそういう議論が起きています。でもそれは根本的な枠組みの違いなんでしょうね。

保井　そうですね。アダム・カヘンのような、大きな社会課題を解決するために対話は必要だという視点はいま、ますます重要になっているのだと思います。対話はたしかに個人の幸せやイノベーショ

20 一 メタ思考　メタとは「高次な」を意味するギリシャ語起源の接頭語で、メタ思考とは「物事を1つ上の視点から考える」こと。例えば、ある問題の解答を考えるのではなく、その問題がなぜ問題となったかを考える思考法。

ンを促進しますが、個人のつながりの集積である国家や社会などマクロレベルでの対話の大切さはいうまでもありません。感染症の流行、戦争やテロ、組織的暴力や環境破壊が地球上でうず巻くいまこそ、マクロの対話が求められていると感じます。

前野　いまお聞きした4人の提唱するダイアローグは、いずれもアイザックスの4つの行動に則《のっと》っていると考えていいですか？

保井　そうですね。それぞれ言葉や表現は少しずつ違いますけど、この4つの行動によってダイアローグが始まるという基本構造は同じだと思います。ダイアローグは多くの人が思っているようないわゆるディスカッションとは異なり、自分のなかを覗いて、そこから気づきを得るものです。他人の力を借りてはいるんだけど、「自分」と対話しましょうというものに流れ込んでいくんですね。

ダイアローグでは「自分」と対話する

前野　改めて確認させてください。対話をするためには他人と言葉をかわす必要がありますね。でも、ダイアローグでは、最終的に自分と対話をするんですね。

保井　そうです。リフレクティブ（内省的）・ダイアローグは、自分の心の内面に気づきをもたらすような対話なんです。誰かと言葉のやりとりはするんだけど、気づくのはあくまでも自分。

前野　そもそも「対話」という言葉は本来、「相手と話す」という意味ですよね。それを拡張して「自分との対話」と表現する主客合一的な自由さは、すごく日本的・東洋的な感じがします。アメリカ人も、そういうことをいっているんですか？

保井　はい、そうです。松木正さんの『自分を信じて生きる――インディアンの方法』（小学館刊）によると、ネイティブ・アメリカンのラコタ族の箴言で「火を囲む7人」というのがあるそうです。いつも自分のまわりに自分を支えてくれる仲間がいる。そして、いま火のそばで心を開いて語り合える仲間はいるかという問いかけだそうです。アイザックスのような対話の巨人たちの最大の功績は、対話の定義を変えたことだと思っています。アイザックスだけでなく、ウィートリーもいっているんですが、対話とは他人と意見交換することではありません。やりとりされる言葉を、自分自身にリフレクト（反響）させ、気づきを得るためのものだとしているんです。ここはとくに強調しておきたい点ですね。ジョセフ・ブルチャック著『それでもあなたの道を行け――インディアンが語るナチュラル・ウィズダム』（めるくまーる刊）によると、ラコタ族の箴言には「7番目の方角（seventh direction）」というのもあるそうです。偉大な彼らの友人ワカンタンカはもっとも偉大な知恵を7番目の方角に隠した。東西南北と上と下。これが6つの方角。そして7番目の方角とは自分の心のなか。だから人が何か大事なものを探すときに最後に気づく、「向かうべき方角は自分の心のなかだ」というのです。

前野　先日アメリカでおこなわれた経営学会に出席したんですが、セッションに登壇したオットー・シャーマーも「他人との対話、自分との対話、自分と相手を含んだその場全体との対話」という表現をしていました。

保井　ええ。ダイアローグの理論化に成功した彼ら先人たちに共通しているのは、自分にリフレクトするという「自分との対話」というものを盛り込むことで、対話の概念、そして自分という概念を新しくしたことなんです。

前野　それは[21]ソフト・システムズ方法論とも似ていますね。まず目的があり、それを達成するためにシステムがあるという従来のシステム思考の立場に対して、彼らは「自分たちの成長」といった一人称的なシステム観を打ち出しています。

保井　たしかにソフト・システムズ方法論の大家ピーター・チェックランドは、システムをつくる理由として、先に目標ありきではな

21—**ソフト・システムズ方法論**（SSM: Soft Systems Methodology）　英国ランカスター大学のピーター・チェックランド名誉教授が提唱した、柔軟（ソフト）にシステム思考（システムズ・アプローチ）をすることで問題の解決を図ろうとする方法論のこと。

く、すなわち何（What）をつくるのかではなく、どのように（How）つくるのかを考えようとするためだといっています。まさに相似形ですね。

前野　そう思いますね。調子に乗っていいますと、素粒子論にも同じものを感じます。従来の物理学では、観測者は物理現象の外にいて、客観的に観測しているのが大前提でした。ところが素粒子論では、観測の仕方によって現象や結果が変化してしまいます。観測はもはや現象と一体であって、客観的であることはできない。もちろん分野はまったく違うんですが、出てきた時期を見ても、アナロジーとしてお互いに影響しあっているのかもしれないと思えてきます。

保井　そうかもしれません。ソフト・システムズ方法論が出てきた経緯を考えると、より強くそう感じます。デカルトの近代合理主義では、複雑なモノを科学的に理解する方法として、それを構成する要素をバラバラに分解し、個別に検証していくという要素還元主義が主流でした。そこに「世の中の事象をつながりとして、全体的、俯瞰《ふかん》的に捉える考え方」として、システム思考が出てきます。病気の治療でいえば、調子の悪い原因が胃か腸なのか、胃ならば胃壁なのか胃液なのかと分けていく方法に対する、東洋医学のように漢方薬を飲んで身体全体を整えようとする方法です。

前野　はい。

保井　このシステム思考、システム工学の粋を極めたのが、月にロケットを到達させようという米国ケネディ大統領のアポロ計画でした。ケネディの次に大統領となったリンドン・ジョンソンは、これを都市計画や貧困削減のために大々的に援用しようとしました。「偉大な社会」計画ですね。ところが、まったく問題は解決せず、幻滅が広がってしまった。そこで改めてそれまでのシステム工学そのものについての考察が進むようになり、従来のシステム工学では、解決すべき問題がはっきりしている場合に、どうやって解くのかという場面では機能するけど、そもそも何が問題なのかが明確でないときにはつかえないということに気づいたんです。必要なのは、問題そのものを全体のつながり、すなわちシステムとして明らかにするようなシステムだということで、その流れがイギリスに及び、ソフト、つまり柔軟なシステムズ方法論ができた。

前野　うん。

保井　さらにいえば、その後注目されるようになったデザイン思考も同じような流れで出てきたものです。ここでいう「デザイン」は、絵を描いたり、カタチを決めたりするという通常、日本語で意味される「デザイン」よりも広く、いわば設計や企画立案にあたる言葉で、新しいアイデアを自由に発想することで、複雑な問題を解決し、社会をより良く変えていこうという方法です。こうした歴史的経緯を見ると、まさに前野さんのおっしゃるとおりだと思います。

前野 そうですねえ。こうやって話してみると、経済学も経営学も、そして心理学、物理学、問題解決の方法論までもが、相互作用しながら、時代の大きな流れとともに、同じ文脈で流れているのがわかります。もちろん、哲学やアート、デザインも、近代からポスト・モダンへと並走しています。

保井 はい。問題解決のテーマでいうと、解き方がわからないのではなく、そもそも何が問題かがわからなくて、それを一生懸命考える方法の1つとしてダイアローグがあるという流れですよね。わたしの解釈では、ソフト・システムズ方法論やデザイン思考の前提として、問題を解決するためのつながり、すなわちシステムをつくっていく必要があります。ダイアローグ的な手法によって、このつながりが見いだせる。つまり、問題解決のためのシステムが構築できると考えているんです。

前野 うん。もっといいますと、わたしが唱えている「受動意識仮説」も同じ流れに位置づけられると思うんです。わたしたちの行動は、主体的な意識が判断しているのではない。無意識による判断の結果が、脳内でボトムアップに形成されたものを「自由意志」と呼んでいるだけではないのか。脳科学のさまざまな研究結果を説明するためには、もはやそう考えざるを得ないのではないかとわたしは考えています。

保井　夏の暑い日に外に出て「暑いなあ」と感じて、不愉快になるわけじゃなくて、「不愉快だ」という脳の信号が来て、ロジックで「暑いんだな、夏だからな」と組み立てていくような流れでしょうか。そうですね、似ていると思います。リフレクティブなものを対話に組み込むというのは、つまり、心のなかにすでに認識されている問題を解くのではなくて、「何が問題だっけ」と自分で気づく、感じるところから始めることですから。ですから、おっしゃるようにダイアローグは、ソフト・システムズ方法論とか、受動意識仮説とシンクロしやすい考え方だと思います。

ダイアローグを導入するメリットとは

前野　ダイアローグという方法をとると、どんな良いことがあるんでしょうか。まあメリット・デメリットで判断すること自体が、近代合理主義的な価値観だという気もするんですが（笑）。でも、それをいわないと、なぜ我々がこんな会話をしているのか、わからないという読者も出てきてしまいますよね。

保井　ええ、そうですね。わたしたちの思考は、近代的な「論理」という見えないクサリでギチギチに縛られています。「どうしてそんなことをするのか。現実的なメリットを知りたい」という価値観もまさにその1つでしょう。古層に潜っていくことは、そのクサリから解き放たれることだとわたしは考えています。そうすることで、自分たちが本来持っていたほとばしるもの、気づきを取り出すことができる。その結果、この社会においても価値のあるクリエイティビティを発揮したり、イノベーションが起こしやすくなる。これがダイアローグのメリットといえるでしょうか。

前野　産業革命以降、わたしたちは地表の論理（近代合理主義）を追求してきた。そうすることで、これからも次々とイノベーションが起こせると思っていたわけですね。ところが、なかなかそうならない。実際、世界中が閉塞感に喘《あえ》いでいる。「もしかしたら、限界が来ているのではないか」と不安が高まったときに「あれ？　深いところに知恵のようなものがあるんじゃないか？　いままでの論理からすると少し変な気はするけど、上手くすれば、つかえるんじゃないか」と考える人たちが出てきたというような感じですかね。

保井　おっしゃるとおりだと思います。著名なイノベーターであるＺＩＢＡの濱口秀司さんから聞いた話なのですが、スタンフォード大学のｄスクール（Stanford University d.school／学科や学部ではなく、スタンフォードの学生なら誰でも登録、参加できる、産業や社会の課題解決を志向するデザインスクール）では[22]ブレインストーミングを多用します。すると、おもしろいアイデアがたくさん出ます。しかし、最後は多数決で決めてしまうという光景に濱口さんは出くわしてしまう（笑）。「これって、おかしいんじゃないか」というのが濱口さんのご指摘でした。

前野　ああ、なるほど。

保井　まさにこれですよね。ブレインストーミングは、多くの人が集まって、脳をストーム（嵐）のようにかき回すことで、ロジカルな議論の枠を破り、従来の方法ではたどり着けないアイデアを出すためのものです。それなのに、せっかく破った論理から逃れられなくなってしまっている。ダイアローグは、これを解き放ってあげるためのものです。意識から無意識の世界に、マインドを解き放つことによって、創造性、イノベーションを得やすくするわけです。

わたしたちがダイアローグ的価値観を取り入れた理由

前野　「幸福学」の研究を始めるようになってもう10年くらい経つんですけど、最近「どうしてこういう研究をしようと思ったんですか？」と尋ねられる機会が多くなりました。そのたびに答えようとするんですけど、思い出せないんですよ(笑)。いつの間にかやっていたというのが正直なところなんですよね。で

22―**ブレインストーミング**　ブレインストーミング法（ＢＳ法）のこと。集団でアイデアを出し合うことによって相互交錯の連鎖反応や発想の誘発を期待する技法。次の４つの原則を守る必要がある。
①判断・結論を出さない（批判厳禁）
②突飛な考えを歓迎する（自由奔放）
③量を重視する（質より量）
④アイデアを結合し発展させる（便乗歓迎）

23―**ウェル・ビーイング**　(well-being) 和訳すると、健康・幸福。１９４８年に設立されたＷＨＯ（世界保健機関）の憲章中、前文に記されている「健康の定義」の核となる言葉。「健康とは身体的・精神的および社会的に良好な状態（well-being）であって、単に病気ではないとか、虚弱ではないということではない」とされている。心と身体の良い状態を表すので、著者らは「幸せ」という意味で用いている。

も、いまのお話を聞いていて、時代の流れと重なっていたのかなと思いました。

保井　そうではないかと感じます。かつての日本には、会社の幸福のために、個人の幸福を犠牲にするのが美しい社会人のあり方だとされていた時代がありました。でもこれは、20年後にリワード（成果・報酬）が戻ってきて、幸せになれるという前提があるから成り立つ美徳です。デフレの時代になって、多くの組織でこの前提が崩れ、そのことが露《あら》わになり、みんなが苦しいといい始めた。前野さんと何年もやりとりさせていただいて感じるのは、個人のウェル・ビーイング[23]と、組織のウェル・ビーイングは重なっている、ということです。大学という場でそのことを感じられた。だから、幸福学を始められたのではないでしょうか。

前野　高度経済成長期に教育を受けた世代なので、「資源のない日本は技術を駆使した新製品を輸出しないとダメだ」と教えられました。それで「よし！　オレはモノづくりで社会に貢献しようじゃないか」と燃えて、エンジニアを志したんです（笑）。いまにして思えば「近代合理主義を極めて日本を豊かにする」という典型的な生き方ですね。アメリカ留学も「最先端を学んで、西海岸に負けないモノをつくろう！」みたいな意気揚々としたものでした。でも、やっていくうちに「それだけじゃない」と気づくわけです。それでだんだんテーマを転換していったら、自然にこうなっていたんだなあ。保井さんもわたしと同世代ですが、社会システムの研究を始められたのは同じような文脈があるんですか？

保井　わたしにははっきりとしたきっかけがあります。20代から30代後半まで、ロジカル・シンキングで生きようと思っていました。中央官庁に勤めていましたから、それが非常に大事だと考えていたんです。それが変わったのは2001年9月11日でした。いわゆるアメリカ同時多発テロですね。ワシントンDC駐在だったわたしは、あの瞬間、ニューヨークのワールド・トレード・センターに出張していたんです。

前野　はい。

保井　2機の飛行機が突っ込んできましたが、こうして生き残ることができました。その日から「どうしてこんなことになったのか」を考えるようになった。でも、異なる正義が対立しているので、ロジカルに考えても答えが出せない。そこで2つのことをやりました。1つは「感じよう」ということ。例えば、泣くトレーニングがあるんですが、これを受けているうちに自分のなかに眠っていたもの、古層に潜っていた部分が、だんだん出てくる。これで「感じる」ことの大切さを実感しました。もう1つは因果関係を追ってみること。システム思考で用いられるような因果関係ダイヤグラムです。因果関係ダイヤグラムとは、ジェイ・フォレスターやジョン・スターマンなどが発展させたシステムダイナミックスの理論をもとにして、ピーター・センゲなどが社会システムなどに応用した、物事の帰結を全体から見た原因と結果のつながりの壮大なシステムとして分析する方法です。なぜテロが起きたのか。その原因と結果をどんどん遡《さかのぼ》っていきました。この2つをやってみたことで、これまで存在した多くの人々の古層がつながって起きたのだということを感じ取ることができるようになったんです。まあ、ひと言でいってしまえば、典型的な論理重視の左脳型人間が、突如、感情重視の右脳型人間に変わったといえるかもしれません（笑）。

前野 なるほど、感情ですか。そういう意味では、わたしも同じですね。心、感情を備えたロボットとはどういうものかを研究しているうちに、ロジカルなアプローチではなく、ホリスティック（全体論的）な方向に興味が移っていきました。同じ時代を、官僚とエンジニアというまったく違う道で、でもどちらも合理主義的に30代後半まで生きてきたのに、感情というキーワードを通じて、まるで宿命のようにダイアローグに行き着いた。

保井 富士山を静岡県側と山梨県側から登っていたみたいなものですね。

前野 途中で出会って、いまは一緒に登ってるのかもしれません。

保井 そういう感じがしますね。七合目で一緒になったような（笑）。

ダイアローグにおける「感情」について

前野　感情という言葉が出ましたが、さきほどの4人の提示するダイアローグの理論では「感情」をどんなふうに扱っているんですか？

保井　彼らはみな「感じたままを出しましょう」と、抽象的には説明しています。でも「感じる」とはどういうことかといった踏み込んだ部分については、まだあまりダイアローグの世界では上手く説明されてはいるとはいえません。また、センシング（sensing　感じること）の存在とその大切さは説くものの、フィーリング（feeling）との違いについても曖昧です。その先の地平に、我々がやれることがあるんじゃないかなと考えています。

前野　そうなんですね。論理的に判断して生きるべきだというやり方に対して、これからは感じたまま、感情に従って生きようという大きな流れはある気がします。ある意味で、アンチ・ロジックですね。意味や目的のないものを楽しもうという潮流もある。

保井　そこはもっとも美味しそうで、でも同時に非常に危険なところです。サイエンスの境界線を越えるか、越えないかという領域ではないでしょうか。

前野　そうですかね（笑）。

保井　論理的には説明できないけど「感じるんです」ということだけを根拠にしてしまったら、従来の定義では「サイエンスではない」ということになります。引き寄せの法則じゃないですけど、疑似科学[24]と呼ばれてしまう。

前野 もしくは、スピリチュアルとか。

保井 ええ。ですから、その部分を扱うには、科学の境界線をどんどんそちらの側へ拡張する必要があるでしょう。それは無理ではなくて、従来は定量的な検証は無理といわれていた感性の世界で、感性を研究対象とするエンジニアリングである感性工学[25]というのも成立しているわけです。

前野 科学の枠外にあるとされるスピリチュアルな現象であっても、例えば心理学的な見地から実験をし、統計処理をすれば、少なくとも統計学の枠内で論じることはできます。そういった手法をつかって「どう感じているのか」を定量化できれば、これらの分野も科学として扱うことは可能でしょう。

保井 そのとおりだと思います。そうした領域も「サイエンスとして扱えるんだよ」という可能性をわたしたちがこの本でもし示せたら、新しい地平が切り開けるのかもしれません。

前野 ああ、なるほど。科学と科学じゃないところのギリギリを追

24―**疑似科学** 似非科学、ニセ科学とも呼ばれる、一見科学的に見えるが、実際は科学ではないもの。実証されていないにもかかわらず、いかにも科学的な根拠が存在するかのように見せかける理論。

25―**感性工学** (Kansei Engineering) 日本が発祥で世界に広まった比較的新しい技術工学の一分野。広島大学の長町三生教授が創始者とされている。人間の感性を研究して製品やサービスに応用するというもの。1998年より日本感性工学会が組織されている。

求していると、無意識や感情、感性という謎に迫ることになる。ある面、そこがいちばんホットなところなのかもしれません。

保井　はい、もっとも求められているところだと思います。例えば、2016年のアメリカ大統領選は、支持しない候補者に対して「嫌いだ」と答える人がすごく多いというのが大きな特徴でした。

前野　好き・嫌いは論理じゃなくて感情の二項対立ですね。

保井　そうなんです。正誤ではなく、好き嫌い。とくに嫌う率が高い。

前野　政治というロジックを重視するべき世界で、感情が前面に出ている。おもしろいですね。近藤麻理恵さんの『人生がときめく片づけの魔法』[26]（サンマーク出版刊）が世界中でヒットしているのも、片づけの効能を「ときめき」という感情で判断しようと提案したからだと思うんです。日本では「わくわくするような仕事、働き方をしよう」という表現が増えています。これまで主観的なものとして隠されてきた「感情」が噴出するようになったのでしょうか？

保井　そのとおりだと思います。「なぜ片づけが良いんですか？」という読者からの問いかけに対して、ロジックによる説明ではなく、

26―**『人生がときめく片づけの魔法』**
2010年12月初版刊行後、世界でシリーズ600万部を突破、テレビドラマ化もされたベストセラー。著者の近藤麻理恵は、2015年米国『TIME』誌の〝世界でもっとも影響力のある100人〟にも選出された。

「ときめく」「ときめかない」といった言葉で、感情・感性といった古層に織り込まれている非ロジックな心地良さをアピールした。そうしたら、世界中で受け入れられた。

前野　ときめく片づけは、上手くできてるんですよ。心地良いうえに、部屋全体が片づいて、結果的にはパフォーマンスも上がるとロジックでも有効性を主張できる。しかも各部分のパフォーマンスを上げるのではなく、全体をざっくり見て対応しようという意味ではホリスティックな視点でもあるんです。感情はホリスティックにしか生じませんから、全体を俯瞰する道具として感情をつかうというのは合理的ともいえますね。

保井　新しい価値をつくっているんですね。

前野　そういう意味では、ハードなシステム工学からソフトシステム思考へ、という流れがあったけれども、西欧の人は本当に感情や感性に近いところをやるのは苦手なのかもしれません。ロジックで考える訓練が非常に行き届いているから、もう一歩を踏み出すのが難しい。日本人はそのあたりが得意ですから、攻め込むのは我々の役目かもしれません。

保井　おっしゃるとおりだと思います。

ダイアローグ的価値観はどのくらい認知されている？

前野　ダイアローグの重要性に気づいている人というのは、いまどのくらいいると思いますか？　我々のまわりではかなり多くなっていますが、日本全体での認知度はまだ10％にも満たない感じがするんです。注目度は上がっているものの、まだマイナーなのが実情でしょう。アメリカはどうですか？

保井　アメリカでもまだ少数だと思います。『TIME』誌が、マインドフルネスの特集をしたことがあるんですが、端的にいえばサンフランシスコ、ロスアンゼルス、ワシントンDC、ニューヨークといった大都市で暮らしていて、ヨガをやったり、自然派スーパーマーケットのホール・フーズに行ったりするような人たちのなかでは「流行っている」といった程度でしょうか。アメリカ全体の人口でいえば5％くらいだと推察します。

前野　そんなくらいですか。

保井　ただ10年くらい前までは、こうした新しい価値観に注目するのは、いわゆるWASP[27]の人たちが中心でした。いまはその裾野が

27―**WASP**　（ワスプ）アメリカ合衆国における白人エリート支配層の保守派を指す造語「ホワイト・アングロサクソン・プロテスタント（White Anglo-Saxon Protestant）」の頭文字をとった略語。

28―**ダン・シーゲル**　米UCLAスクール・オブ・メディシンの臨床精神医学科教授、同校のマインドフル・アウェアネス・リサーチ・センターの共同創設者であり、個人や家族、コミュニティーに対してeラーニングおよび対面で指導する教育機関、マインドサイト・インスティテュートの事務局長も務める。

29―**SIY（サーチ・インサイド・ユアセルフ）**　Googleのエンジニアであった、チャディー・メン・タンが開発し、同社の研修プログラムに取り入れたマインドフルネスに基づく「EQ（情動的知能）」のカリキュラム。他の企業や大学にも次々と採用されている。

広がっています。ワシントンでは、ヨガマットを持って電車通勤するOLを普通に見かけますから。先日、年に1度ワシントンでおこなわれるマインドフルネス・リーダーシップ・サミットに参加してきたんです。マインドフルネスの理論的指導者[28]ダン・シーゲルはもちろんのこと、U理論のオットー・シャーマー、Googleが取り入れたことで話題になっている[29]SIY（サーチ・インサイド・ユアセルフ）のマーク・レッサーやピーター・ウェンといった面々が一堂に会していました。このSIYを日本で広めようとなさっているのが日本人として初めてSIY講師になった[30]荻野淳也さんおよび[31]木蔵シャフェ君子さんをはじめとするみなさんです。その場でいちばん印象的だったのが、多くの方が「対話とは単なる意見交換ではなく、自分のなかをリフレクティブ（内省的）に掘り起こしていく能力である」と定義していたことでした。マインドフルネスに関わる人たちにとって、それはもう共通認識になりつつある。

前野　職場ではどうですか？

保井　はい。わたしがワシントンDCで在勤している組織には、組

30―**荻野淳也**　（おぎの・じゅんや／1973年～）一般社団法人マインドフルリーダーシップインスティテュート代表理事。リーダーシップ開発、組織開発の分野で、コンサルティング、エグゼクティブコーチングに従事。外資系コンサルティング会社勤務後、スタートアップ企業のIPO担当や取締役を経て、現職。マインドフルネスなどの手法を用い、リーダーの変容や企業の変革を図っている。

31―**木蔵シャフェ君子**　（ぼくら・しゃふぇ・きみこ）ボストン大学MBAを取得後、外資系大手企業の有名ブランドにて、ブランドマネジメントをおこなったのち渡米。コミュニケーションとリーダーシップについての講師・コンサルタントとして各国で活躍。2013年より、一般社団法人マインドフルリーダーシップインスティテュート（MiLI）理事。

織の公認プログラムとして毎週1回マインドフルネスのクラスがあります。車座になって瞑想をするんですが、けっこう多くの人が参加していますね。

前野　日本でも、マインドフルネスの講座をＭｉＬＩ（一般社団法人マインドフルリーダーシップインスティテュート）の代表理事・荻野淳也さんを招いて開いたら、あっという間にいっぱいになりました。だから、かなり知られ始めているのはたしかなんです。けれども、あくまでも「意識高い系」の人たちに限られているのかなあ。ワシントンあたりだと、それよりは広く認知されてるイメージですかね。

保井　はい、もう少し広いと思いますが、中心はやはりいわゆる「意識高い系」でしょうか。こちらにも似た言葉があって「ラテ・ドリンキング、トーフ・イーティング」と呼ばれる層がいるんです。ようするに、スタバでカフェラテを飲んで、トレーダー・ジョーズやホール・フーズのようなオーガニック系スーパーで豆腐を買う人々ということで、意識高い系と同じで、ちょっと揶揄《やゆ》する感じの表現ですね。裏返していうと、バドワイザーを飲みながらハンバーガーを食べ、大型二輪車やピックアップトラックが大好きな人々と対極の存在です。乱暴にいえば、現在のアメリカはこの二極に分かれているとも考えられます。

前野　ははは（笑）。

保井　アメリカ西海岸、東海岸で暮らすホワイトカラー中心の意識高い系の人々の多くが、昼夜を問わずに届くEメールやTwitter、Facebookに「あなたはYESですか、NOですか」と始終判断を迫られています。日々押し寄せる情報から自由になりたい、もう嫌だと、疲れたという声が高まってきた。そうした人々が注目したのがマインドフルネスや、感じるままを出していくジェネレーティブ（生成的）・ダイアローグといったものだったといえるかもしれません。

前野　世代差はどうでしょうか。わたしたちは同じ1962年生まれですが、いま同じ山を登っている仲間には10〜20歳くらい年下の人たちが多いように感じます。彼らの動機はわたしたちとは違いそうですね。

保井　そうですね。日本の世代論的にいえば、わたしたちは団塊世代と団塊ジュニア世代に挟まれた世代ですが、彼らの多くは団塊ジュニアか、それよりもっと下の世代ですね。物心ついたときには日本はもうデフレ経済下にあったという人たちでしょう。高度経済成長やバブル経済を知っている我々は「ロジカル・シンキングではもう上手くいかない」と気づくのに20年かかりましたが、彼らは最初から知っている。お父さんやお母さんの苦労も見ているでしょう。だから、20代のころから、自然と古層に潜って、自分を大事にしようという感覚を持っているのではないでしょうか。ある意味、非常に豊かで良いものを持っている世代だと思います。

前野　欧米ではどうですか？

保井　アメリカは世代よりも、エスニック・グループ[32]ごとの違いが大きいと思います。とはいえ世代間差もあります。ジェネレーションX、ジェネレーションY[33]という言葉があって、また、いまはベビーブーム[34]世代の最後尾が退職し始めているところです。下の世代はその煽《あお》りをもろに受け、さらに90年代の不況も経験していますから、日本と似ているところがありますね。ヨーロッパはもっとひどくて、若年層は構造的な不況と雇用難にさらされ続けているといっていいでしょう。

前野　欧米も同じですね。

保井　そう思います。戦略的思考を貫けば、経済が右肩上がりになるとはもう思えないという感覚は、日本も欧米も共通しています。これからさらに浸透していくのではないでしょうか。

前野　アフリカはまだ成長の余地がありそうですが。

保井　ええ、地域による差はありますね。ですからこれは経済的ないわゆる先進国の現象だろうと思います。

32｜**エスニック・グループ**（ethnic group）多民族国家における少数民族集団、または同じ帰属意識（エスニシティー：ethnicity）を持つ人々の集団。

33｜**ジェネレーションX、ジェネレーションY**　ジェネレーションXは第二次世界大戦後、１９６０年代から80年代初頭の間に生まれた世代。ノンポリ、個人主義、日本ではしらけ世代、新人類と呼ばれる世代にあたる。一方、ジェネレーションYは別名ミレニアル世代といい、ジェネレーションXの後、１９８０年代から２０００年代に生まれた人たちを指す、ベビーブーム世代の子ども世代である。インターネット世代、デジタルネイティブとも呼ばれる。

前野　そういうことですね。ダイアローグの流行も、おっしゃるとおりアメリカ、ヨーロッパ、そして日本という流れで来ています。

保井　いまはアジア、ラテンアメリカの中高所得の国でも流行り始めているようです。

前野　わかりやすいですね。乱暴にいえば、右肩上がりの経済を経験して、それが終わるとダイアローグが流行る（笑）。ひと言でいうべきじゃないですが。

保井　ええ（笑）。まあ、ざっくりとまとめると、そういうことですかね。

なぜ経営学会がダイアローグに注目するのか

前野　先ほどもちらっと話しましたが、この前アメリカに出張して、経営学会に出席しました。経営学は、いかに利潤を得るかを合理的に判断することが中心の学問といってもいいかもしれません。ところが3日間の会期のどの時間帯にもマインドフルネスやダイアローグ、わたしが専門にしているウェル・ビーイ

34―ベビーブーム世代　第二次世界大戦終結後からケネディ政権の時代、1946年から64年頃までに生まれた世代を指す。第二次大戦終結後のベビーブーム＝出生率上昇は世界的現象であったが、狭義での「ベビーブーム世代」はアメリカ合衆国でのそれを指す場合が多い。

ング・スタディ（幸福学）に関するセッションがあったんですよ。「これはすごい」と意気込んで参加したんですが、どこも結構ガランとしていました（笑）。だから、近代合理主義の極致のような学会においても、こうした視点が重視され始めてはいるんだけど、でも気づいているのはまだ少数なのかなと思いました。ただ、オットー・シャーマーがU理論について語ったセッションだけは、会場に収まりきらないほどの大盛況だったんです。キーマンのところは活況を呈している。これが世界の現状なのかなと感じましたね。

保井　そうですね。オットー・シャーマーやウィリアム・アイザックスといったダイアローグの基礎理論部分を担っている人たちの存在感は大きいと思います。彼らを通じて経営学、組織開発といった専門分野の方にこの考え方が流れ込んでいっている。その動機の裏側には、やはり戦略的思考の手詰まり感があると思います。いくらストラテジー（戦略）を学んでも、上手くいかないという現実です。

前野　ひと昔前には、ずいぶん流行りましたけどね。

保井　わたしの見立てでは、組織にとっての戦略が、お客さんにとっては戦略でもなんでもないからなんです。

前野　なるほど。みんなにとっての良い答えになっていない。

保井　変なものを売りつけられたらお客さんは離れてしまいますから。

前野　でも、以前は戦略的思考で上手くいったんですよね。環境的に変わった？

保井　ええ。かつては、完成度をものすごく高めてから商品化し、短期間で一気に売り抜けるということが可能でした。求められていたのは例えば1年に1度決定打を出すことです。しかし、現在はそういうことが難しくなっています。典型はアプリケーションやソフトウェアでしょう。この商品には「バージョンアップ」という手法が取り入れられています。こうした商品では、お客さんとの付き合いがずっと続きますから、一時的に売り抜けるということはできません。その代わりに、完成度の低い、従来なら市場に出ることのなかった未完成品を出しても構わない。こうした商品の開発で重要なのは、その時期の顧客が求めるものを競合他社に先駆け、スピーディーに出すことです。そして、そこからバージョンアップして完成度を高めたり、流行に応じて変化させていく。つまりお客さんと常に対話し、長く付き合い続けることになるのです。従来のような、提供する側だけの都合で決める、スパンの短い戦略ではとても間に合わないのは自明だと思います。

前野　なるほど。

保井　そこでわたしが注目しているのが、コ・クリエーション理論[35]です。お客さんと一緒に商品をつくろうという考え方なのですが、協創理論の論文自体は80年代からたくさん出ていました。しかし流行り始めたのは2000年代に入ってからで、サービス・マーケティングの世界で注目されるようになりました。さきほど例に挙げたバージョンアップという手法が可能になっている時代において求められるのは、非常に複雑で、スパンの長いサービスです。そのために商品開発という川の流れにおける源流から、もっとも下流にいるお客さんまでが一緒に対話をしながら設計しようという発想が必要になっているのです。もはや賑やかな宣伝をして、売り抜ければいいじゃないかというのは通用しません。

前野　人間中心設計[37]、アジャイル開発[38]といったものも同じような文脈から出てきたと考えてもいいですか？

保井　はい、わたしはそう考えています。

日本にとっては復興運動かもしれない

前野　こうした潮流が注目される原因の1つに、グローバル・ネットワーク化社会もあるのではないでしょうか。日本でいえば、かつては護送船団[39]方式が社会の推進力になっていました。大企業はシステムを組織化し、大量に同じものをミスなく合理的につくる集

35―コ・クリエーション理論　協創、または共創とも訳される。企業が、消費者ほかさまざまなステークホルダーと協働して共に新たな価値を創造すること。市場を価値創造の「場」と捉え、消費者を単に商品を消費する存在としてではなく、価値創造プロセスのパートナーとして、商品開発やサービス、新しいアイデアの創出などに一緒に取り組むこと。

36―サービス・マーケティング　サービス・マーケティングとは、サービス業や製品の付随機能としてのサービスに関するマーケティング。サービスならではの特性、通常の有形製品と異なる特性であること、形がないこと、生産と消費が同時に発生すること、品質を標準化することが難しいこと、保存ができないことなどを踏まえてマーケティング展開する。

団を目指す。省庁もそれを先導し、やがてもっとも合理化したものが勝って当然だというルールが浸透していきます。ところがインターネットが出てきて情報の伝達が飛躍的に効率化された。物流も大幅に効率化され、世界は事実上、横につながりました。すると、ものすごく戦略的に合理化しているつもりでも、世界のどこかからもっと良いものが出てきてしまう。次々に登場する新しい動きに対応しきれない。こうした社会では、じっくり完成度を高める必要のあるモノ・サービスより、ソフトウェアのように、未完成でもとりあえずやってみることが可能な分野が有利です。だからそういうジャンルがさらに活況を呈するようになる。グローバル・ネットワーク化社会とIT化の流れっていうのが、この時代をつくったといえると思うんです。

保井　まさしくそうですね。いままでの組織は、硬い殻に覆われた「大企業」という枠のなかで30年、40年もかけてコツコツ何かをつくるのが有効でした。でも、グローバル・ネットワーク化した社会では、新しい製品、サービスをつくるたびに組む相手を自由に替え

37―人間中心設計　ユーザー中心設計(User-centered design, UCD)とも呼ばれる。技術優先の考えや作り手の勝手な思い込みを排除して、常につかう人の視点に立って設計をおこなうこと。ユーザーがシステムや機能に慣れることを強いるのではなく、人々が欲しいと思っていることが何であるかを中心としてインターフェースを最適化しようとする試み。

38―アジャイル開発　アジャイルとは「すばやい」という意味で、反復(イテレーション)と呼ばれる短い開発期間単位を何度も回すことで、リスクを最小化し、プロジェクトが生み出す製品の価値を最大化しようとする開発手法の1つ。変化に刻々と対応するため、当初計画された機能を100%完成することは困難だが、製品がリリースされる時点で、顧客を含むすべてのステークホルダーに最大の価値を提供することを目的とする。

られます。水平にシステムが替えられる、バウンダリー（境界線）がフレキシブルに変化する時代になっていますから、閉じているなかで、一生懸命温めている必要はありません。

前野　となると、日本は皮肉ですね。もともとダイアローグ的文化を持っていたはずなのに、欧米との競争に打ち勝つために、そういった得意な部分を排した、カチンカチンに合理化した「大企業」と呼ばれる組織を大量につくってしまった。「これではやっていけない」と気づいた人たちが、欧米から逆輸入したダイアローグを改めて学ばざるを得ない展開になっている。違いますか？

保井　いえ、わたしもまったく同じように感じています。もともと日本式の経営は、広い意味での家[40]（イエ）を長く続けることが目的でした。だからステークホルダー[41]である従業員やその家族、お客さんとフラットに対話をする風土があったんです。近江商人の心得として知られる「三方良し」（売り手良し、買い手良し、世間良し）というのもその1つでしょう。良い商売の条件に「世間にとっても良いこと」という視点が、すでにあったんです。ところが、明治に

39―**護送船団方式**　特定の産業においてもっとも体力のない企業が落伍しないよう、監督官庁がその産業全体を管理・指導しながら収益・競争力を確保すること。軍事戦術として用いられた「護送船団」が船団のなかでいちばん速度の遅い船に速度を合わせて、全体が統制を確保しつつ進むことになぞらえたもの。

40―**家（イエ）**　人が住むところ。家屋、住居。祖先を一にする血縁集団。労働の組織化を起源とする生活保障の単位。

41―**ステークホルダー**（stakeholder）　企業・行政などの組織の利害と行動に直接的・間接的な利害関係を有する者＝利害関係者のこと。消費者や顧客、従業員、株主、債権者、金融機関、得意先、地域社会などを指す。

なると株式会社の概念が導入されます。これは、もともと英国の17〜18世紀にかけてロンドンのコーヒーハウスに集まって遠洋航海の貿易利益を山分けする、すなわち「冒険資本主義」の仲間を組む仕組みであった「コンパニー」がルーツです。その結果、日本の会社はいわば「金儲けの箱」でないと生き残れなくなりました。そして戦後になってさらにアメリカ流が入ってきます。これは、閉じた巨大なサークルのなかで戦略的に商品をつくるもので、日本はそのスタイルで高度資本主義社会時代の会社のあり方に対応してきました。つまり明治以来約150年にわたる近代合理主義の受容のなかで、硬く組織をつくって、それを守ってきたんです。その結果、日本社会はアメリカ以上に硬直化し、閉じたサークルになってしまいました。ですから、ダイアローグの導入は、日本にとって、平らかな対話性の復興運動でもあるんじゃないでしょうか。

前野　ああ、おもしろい。欧米では、主流に対するアンチとして登場したダイアローグだけど、現在の日本においては復興と位置づけることができるんですか。なるほど。

第2章のポイント

ウィリアム・アイザックス、オットー・シャーマーは経営学、
マーガレット・ウィートリーはリーダーシップ論と組織開発、
アダム・カヘンは平和構築論から、ダイアローグへ進んだ。

ダイアローグをもたらす4つの行動（ウィリアム・アイザックス）。
「聞く」「大事にする」「保留する」「出す」

議論でも意見交換でもない2つの対話のカタチ
（ウィリアム・アイザックス）。

リフレクティブ（内省的）・ダイアローグ

主張や論理を離れ、
自分自身の
無意識と対話する。

ジェネレーティブ（生成的）・ダイアローグ

参加者全員が個人としての
思考を離れ、ジャズの即興演奏
のように協創する対話。

番外編

ダイアローグに関するQ&A

——対話を実践したいあなたに——

Q1 ダイアローグに興味があるのですが、始めるきっかけがありません。

A 保井 ダイアローグを実践している場やセミナーに参加するのが早道ですが、自分ひとりでまわりの人に呼びかけるのは勇気がいりますよね。最初の一歩として、まず、雑談から始めてみるのはどうでしょう。もし会社にお勤めでしたら、給湯室、喫煙室といった空間で、ダイアローグに必要な「4つの行動」を意識した雑談を始めてみてください。ダイアローグの基本は相互理解ですから、特別な話題を用意する必要はまったくありません。実際、最近の職場では雑談が減っています。効率優先、成果主義ということもありますが、いちばん大きな影響はパソコンに向かう時間が長くなっていることだと思います。昔は、何気ない言葉をかわす機会が多かったので、それがじつは相互理解のきっかけになっていました。いまはこれが足りないので、雑談をするだけでも大きな意義があるはずです。

前野 雑談から始めるという意見にわたしも賛成です。雑談にもコツがあって、知識をひけらかすのは最小限にするのが良いでしょう。知ってる、知らないだけで終わるような話題より、自分自身の感情や感覚を出すようにしたほうが、よりダイアローグ的な対話になると思います。

Q2　日々忙しく、対話をする余裕なんてありません。そもそも会議やミーティングは最小限の連絡事項のみで済ませたほうが効率が良くありませんか？

A　前野　ダイアローグを実践して感じるのは、きちんと対話をしたほうが問題解決は早くなるということです。例えば「これをやっておけ」「わかりました」というやりとりには相互理解がありません。もし真意や意図が伝わらず、ストレスが生じても、気づくことが難しい。これがこじれると、解消するために膨大なコストが生じてしまいます。これに対して、きちんと対話をしておくと、そのときは時間がかかっても、その後が早い。例えば、ダイアローグ研究仲間との研究の打ち合わせでは、1時間の会議のうち50分間くらいを雑談のような対話に費やします。無駄に過ごしているようですが、そうすることで最後の10分で実に多くの案件をスムーズに、しかもあっという間に決められるんです。これは、関係なさそうに見える対話の時間を通じて、自分自身そして他者の無意識と向き合っているからだと思います。ですから、効率を優先するのなら、むしろ対話をすることをオススメします。

Q3 否定されるのが怖くて、自分の意見を素直にいうことができません。

A 保井 自分のことを話そうとするよりも、ダイアローグに必要な4つの行動を実践できるような場づくりから始めると良いかもしれません。それでも否定されてしまったり、相手の勢いに押されてしまったときは「おっしゃるとおりですね」とあいづちを打つという方法があります。これは何も判断せず、保留しているだけなんですが、相手の発言を尊重し、こちらの言葉にも耳を傾けてもらいやすくなるという効果があるんです。こうした、互いの感情を刺激せずに対話を成り立たせる、便利なフレーズを覚えておくと心強いのではないでしょうか。

前野 ダイアローグでは「出す」ことも大切ですが、まずは周囲を尊重して、聞くこと、そして保留することを心がけてはどうでしょうか。否定されたと感じたときは、判断を保留し、深呼吸をするのもオススメです。ゆったりした気持ちで臨んでください。

Q4　対話が思いどおりにいかないと、つい怒ってしまいます。

A　前野　僧侶やマインドフルネス実践者の方々に教えてもらったんですが、反発する気持ちが起こったら、すぐ反応せず、一瞬間をおくようにすると良いようです。そして「ああ、わたしは怒っているなあ」と自分自身の感情を客観的に観察してみる。それから、軽く深呼吸をして「怒らなかった場合のわたし」がどうするか、何をいうかをイメージしてから発言するようにしてください。ちなみに、このトレーニングは夫婦ゲンカの回避にも有効でした（笑）。

保井　上手くいかないことを楽しんでみるのはいかがでしょうか。対話は必ず成功しなければならない、筋書きどおりに進むべきだ、という考え方を捨てるのです。対話の促進を「ファシリテーション」と呼びますが、一定の結論に対話を導こうという意図は「ファシマニピュレーション」、すなわちファシリテーションの不正な操作（マニピュレーション）だと見抜かれ、警戒されるのが最近の傾向です。対話が「海図なき航海」を続けることを楽しみましょう。

Q5　参加している人とケンカにならないように発言するコツはありますか？

A　前野　ダイアローグの達人である中村一浩さん（Ｐ１４０参照）が参考になると思います。彼は、いつも誰かひとりに向かって発言するのではなく、対話の参加者全員のまんなかにポンと提示するように発言することを推奨しています。「ちょっと浮かんだことがあるので、この場に出してみていいですか」という具合で、参加者はこの発言を受け取っても良いし、受け取らなくても良いというルールなんです。ですから「とりあえず出してみる」という感じで発言すること、それと「発言してもいいですか」とひと言入れてから話すこと。これを実践すれば、争いになったり、ギスギスしたりしにくいのではないでしょうか。

保井　わたしもそう思います。言い換えると、中村一浩さんは「指ささない（not pointing-to）」発言の仕方をなさっているんです。誰かに向かって意見をいうとぶつかってしまう可能性がありますが、そうではないので、感情が波立たない。ですから、誰かを指さすような話し方をしないことを心がけてはどうでしょう。または「例えばこういう考え方はできませんか？」といった言葉をつけて提示する。これらができる人がいると、ダイアローグ的な場が生まれやすくなると思います。

Q6　わたしは自分の感情を表に出すのが苦手です。何かいい方法はありますか？

A　保井　ロジックまみれの生活を続けていたり、ストレスから身を守ろうと緊張し続けていると、心が干上がってしまい、感情を上手く表に出せなくなってしまうことがあります。その究極がうつ病の無表情です。わたしはそうなることを防ぐために、定期的に泣く機会を設けるようにしています。感動できそうな映画を見るくらいなのですが、これは非常に効果的ですよ。先日も東京からアメリカに戻る飛行機でアニメ映画『君の名は。』を観たんですが、最初から最後まで泣きどおしで、降りるときCAさんに「心から泣き楽しんでいただきありがとうございました」といわれてしまいました（笑）。ちょっと恥ずかしかったですが、名誉なことです。「泣き楽しむ」って名言ですね。心はすっきりして、感情も素直に出せるようになっていると思います。

前野　泣いたり、笑ったり、自分の自然な感情を出す機会をつくるのは、幸福学の見地からみても効果的だと思います。何事も満喫する人のほうが幸せ度は高いし、対話的でいられると思います。ロールプレイ[1]も効果があるかもしれません。ある会社で、怒りがちな上司がいて、女子社員の方が遠慮がちにその真似をしたんです。あくまでもロールプレイなので冗談交じりなんですが、それがその上司にはかなり衝撃だったらしく「あんなふうに見えているのか」と、態度が変わるきっかけになったんです（笑）。

1 **ロールプレイ**　「ロール・プレイング（role playing）」、最近では略称で「ロープレ」などともいい、「ロール（役、役割）」を「プレイ（演じる）」するという意味。現実に起こる場面を想定して、複数の人がそれぞれ役を演じる疑似体験を通じて、ある事柄が実際に起こったときに適切に対処できるようにする学習方法の1つ。

Q7　ダイアローグでは、論理よりも無意識から出てくるものが重要だといわれますが、どうしても論理から離れられません。

A

前野　ロジカルな人は、ある程度、そのままでも良い気がします。自然に無意識から湧き出てくる言葉がもし論理的なものであったとしても、そこに込められた感情や思いを大切にすれば良いんじゃないでしょうか。

保井　わたしが実践しているのは、ロジカルな思考に流れている自分を「左脳くん」と呼んで、相対化する方法です。「左脳くんがこんなことをいいたがっている」と前置きしてから発言すると、「じゃあ右脳くん（感性の比喩）ならどういうだろう」と脳内で対話を進めることができます。

第3章
日本はもともと
ダイアローグ的な国だった

文化のクロスロードとしての日本

前野　復興運動という言葉が出たところで、改めて日本について話しませんか。内田樹《たつる》さんの[1]『日本辺境論』にもありましたが、日本はこれまでずっと古いものや感性を豊かに残しつつ、その一方で中国から漢字や仏教を輸入し、近代には西洋文明も持ち込んだ。そういう特異な側面を持つ国だと思うんです。これは非常にダイアローグの思想に通じる姿勢です。そういうことができた理由として、まわりから攻められにくい島国であること。また新しい文化、文明が入ってくるときに情報が欠落しやすい辺境であったこと。内田先生は、その結果、選択せざるを得なかったという地政学的な理由もあるんじゃないかというんです。

保井　はい。たしかに日本人は、文明の先進地である大陸の文化を非常に上手く、選択的に取り入れてきました。新しいものをパーツとして取り入れる、パッチワークの思想で入れ替えてしまうことに長けていたのでしょう。カレーライスやラーメンがまさにその典型だと思います。そのおかげで、他の地域で起こっているような「古

1―**『日本辺境論』**（新潮新書）。「常にどこかに『世界の中心』を必要とする辺境の民、それが日本人なのだ」「日本人にも自尊心はあるけれど、その反面、ある種の文化的劣等感がつねにつきまとっている。ほんとうの文化は、どこかほかのところで作られるものであって、自分のところのは、なんとなく劣っているという意識である」等、日本および日本人についての内田樹による考察。

いものはすべて滅ぼされて、新しいものだけが残る」ことが少なかったのかもしれません。

前野　狙ってやっているわけじゃないんですよね。

保井　そうですね。新しい文化を受容するにあたっての、日本的なやり方がある。内田先生はそれを「辺境」というキーワードで説明したんですが、最近注目されている視点は、日本がいろんな文明、文化が流れ着くクロスロード（交差点）であったという考え方です。

前野　はい。

保井　日本人のDNAには、かつて中国、朝鮮半島、ロシアの極東部、太平洋地域など多様な地域に存在していたさまざまなグループの遺伝子が含まれていることがわかっています。新しいものも、古いものも、みんな選択的に取り入れて、共存してきた民族なんです。長いあいだ、人類が長距離を移動するためのおもなルートは海路でした。だいたい2000年前くらいから、大陸からさまざまなルートをつかって渡ってくる文化がちょうどぶつかる実験場になったのが、日本だったといわれているんです。クロスロードであったがゆえに、異なる文化を上手く受容する方法を身につけたのではないでしょうか。

前野　ふうむ。アフリカで生まれた人類はヨーロッパを経由して、その後アメリカにも渡っています。ダイアローグ理論が生まれたアメリカ西海岸は日本と太平洋を挟んでいますね。偶然でしょうか。

保井　いえ、1960年代にはアメリカ西海岸が、異なる文化がぶつかり、古い古層が掘り起こされる実験場、つまりクロスロードになっていたのだと思います。だからここでダイアローグのムーブメントが起こったとわたしは考えています。飛行機が登場したことも大いに関係があるのではないでしょうか。

前野　太平洋岸のこっちと向こうですものね。

保井　海路の時代、いわゆるパシフィック・リム（環太平洋地域）には、島に住んでいる人、大陸に住んでいる人それぞれが持つ多様な文明がちょうど出会うポイントがあったようです。黒潮の流れも関係していると思うのですが、定期的にそこで文明がぶつかり合うことになっているといえるかもしれません。そして、戦後の飛行機で移動する時代には、欧州や米国東海岸とアジアの中間点である米国西海岸が、文明の出会うポイントになったのかもしれませんね。

前野　おお（笑）。

意見がはっきりしないのは良いことである

前野　日本はいま人口が減り、GDPも3位に落ちて、閉塞感があります。しかし文化の交差点として再び脚光を浴びることはあるんじゃないでしょうか。

保井　あるかもしれません。なにしろ、論理がぶつかっても、対立させず、古層に入れることに慣れていますから。いわば八《や》百万《およろず》の神みたいに車座にしてしまうんです。神話においても、神無月（旧暦10月。出雲地域では「神在月」と呼ぶ）になると、神様が出雲に集まって、車座になって話をしますね。誰かが中心になったり、誰かを倒すのではなく、文明の古層たちが対話をしているんです。

前野　そうなんですよね。

保井　近代合理主義的な観点からは「日本人ははっきり主張しないから、考えがよくわからない」といわれがちです。この１５０年くらいのあいだは、日本のこうした側面は、まるでいけないことであるかのようにいわれてきました。日本人自身もそう思い込んできたフシがあります。でも、これは保留しているだけ。いい換えれば、古層に潜り込ませている。だから、いずれ、感じていることがにじみ出てくるんです。こうした方法に我々は長けているといえるんじゃないでしょうか。だからいまアメリカなどでは、ダイアローグやマインドフルネスの文脈で、むしろ良いところだと評価されるようになってきたのだと思います。

前野　『魏志倭人伝』[2]は読みましたか？

保井　ええ、読みました。

前野　「倭人」というのは、中国が日本列島に住む人々を呼んだ言葉ですが、これは女性的で、従順。男らしくないという意味らしいですね。読んでみると、わたしたちの祖先は、清潔で、礼儀正しくて、真面目だったことがわかります。戦いを好まず、調和を貴ぶ人々。だから、外からいろんな文化、人が入ってくるのを受け入れ続けてきたのかなと感じたんです。

保井　そのとおりだと思います。わたしは、日本的な受容のあり方は、ダイアローグに通じるものだと考えているんです。先ほどお話ししたダイアローグにおける4つの行動の1つが、「保留する」でした。これは、その場で判断を下さないということですね。近代合理主義の論理では、白黒はできるだけ明確にすべきだと考えますから、従来これはあまり良くないことだとされてきたんです。

前野　はい。

2―魏志倭人伝　晋の陳寿が書いた中国の歴史書『三国志』中の「魏書」第30巻烏丸鮮卑東夷伝倭人条の略称。中国の正史上初の日本に関するまとまった記述とされる。邪馬台国や卑弥呼にも言及されており、3世紀の日本の習俗や地理などについて知る貴重な史料となっている。

保井　日本はこれが非常に得意です。異なる主張がぶつかると、白黒つけることより、丸く収めようとします。これは多様な文明が交わるクロスロードにおいて、多様な価値観を共存させなくてはいけなかったなかから生まれたことだと考えられます。日本の神社のように、複数の神様を一緒に祀《まつ》るというあり方は、世界でもかなりユニークなやり方かもしれません。

前野　ああ。たしかにいまはそうですが、古代ギリシャでは多くの神を一度に祀っていた例がありますね。だから日本が特殊なのではなく、かつては世界中にそうしたやり方があったのではないですか？

保井　なるほど、そうですね。それが日本では、古層に潜らず、表層に残り続けたといったほうが正しいのかもしれませんね。その理由に、地理的な条件や文化のクロスロードとしての立ち位置というものが作用していたということでしょうか。

前野　脳科学で考えてみましょうか。心の平穏を保つセロトニン（Ｐ１８２・脚注10参照）という神経伝達物質があるんです。このセロトニンの伝わり方を決めるセロトニントランスポーター遺伝子の型によって、幸せを感じやすいか、不安を感じやすいかが決まるらしいんですね。どうやら日本人は、セロトニン伝達を阻害する遺伝子型、つまり不安になりやすい遺伝子を持つ人が世界でもっとも多いらしいんです。２位は韓国。逆に、幸せな型の遺伝子を持つ人がもっとも多いのはデンマークでした。

保井　そうなんですか。

前野　そのようです。ですから、もしかしたら日本人は、白黒はっきり決めるのが遺伝子的にもともと苦手な国民なのかもしれません(笑)。だとすると遺伝的な理由の可能性も出てきます。もしくは、保留するタイプが生き残りやすい環境だから淘汰されたと考えることも可能なんです。

保井　なるほど、おもしろいですねえ。

前野　おもしろいですよね。勝ち負けをはっきりさせず、保留しながら、対話を通じてゆっくり調和させていこうという文化を発達させた国民なのかなと想像したくなります(笑)。

欧米はむしろ日本から学んでいる

前野　先日、海外から建築を学びにきている学生に話を聞いたんです。それで非常に驚いたんですが、近代建築の世界で、欧米は日本の影響を強く受けているというんですね。詳しくないので受け

3—プリツカー賞　1979年に始まった、米ホテルチェーン「ハイアットホテルズ・アンド・リゾーツ」のオーナーであるプリツカー一族が運営するハイアット財団から毎年建築家に対して授与される賞。日本人では1987年の丹下健三から2014年の坂茂まで計6名が受賞している。

売りですが、たしかに建築界のノーベル賞といわれるプリツカー賞[3]を受賞している日本人建築家は多いようです。

保井 そうなんですか。

前野 その学生は、最先端を学べる場として日本に来たんだといってきました。閉塞感が強まっている一方で、建築やアートといった感性が重視される分野では注目を集めているんだと心強く感じたんです。

保井 建築・都市計画といえば、クリストファー・アレグザンダーが１９７０年代後半に提唱して、一世を風靡《ふうび》したパターン・ランゲージ[4](pattern language)というものがありましたね。地域に暮らす人々みんなが参加してインクリメンタル（追加しながら成長する）につくっていける、その土地に根ざした建築デザインです。オレゴン大学[5]の実験が有名ですが、じつはその後、建築理論の中心という意味では、彼は挫折してしまうんです。

前野 ほう。

保井 なぜかというと、数学出身の建築家だったアレグザンダーは、

4―パターン・ランゲージ（pattern language）ウィーン出身の建築家クリストファー・アレグザンダーが提唱した建築・都市計画に関する理論。アレグザンダーは、建物や街の形態に繰り返し現れる法則性を「パターン」と呼び、それを「言語」（ランゲージ）として記述・共有する方法を考案し、生き生きとした建物やコミュニティーづくりを目指した。

5―オレゴン大学の実験 アレグザンダーらがオレゴン大学において新しい校舎を建築するに際し、おこなった壮大な実験。完璧な建物を設計する代わりに、限りなく永久に完璧に近づくプロセスそのものを構築し、それを半永久的・持続的に運用する方法を選択した。

文化、文明を超えた、普遍的なパターンがあるはずだと考え、その組み合わせによってすべての都市を設定しようという考えに後年達したからです。しかし、建築とは、その土地に根ざし、土地と対話しながら、自分の表現をするものでしょう。だから、その挑戦が実を結ぶことはなかったのだと思います。

前野　ふうむ。

保井　日本はそういうのに慣れている。こういう傾斜だから、こういう庭をつくりましょうというデザインになる。ゲニウス・ロキ（P27・脚注9参照）ありきなんです。だから注目されるのではないでしょうか。

前野　時代を遡《さかのぼ》ると、絵画にもそういう時代がありましたね。ヨーロッパでは、宗教絵画の時代から写実主義に移り、印象派[6]が出てきた。これはロジックから感性を重視した絵画への移行だと思います。その過程で、日本の浮世絵がモネなどに大きな影響を与えた。そして、その後のキュビズム、現代美術へとつながっていく。

保井　ええ。

6―**印象派**　印象主義とも呼ばれる19世紀半ばからフランスで起こった芸術運動。人の精神性を表現することが中心命題となった20世紀の絵画の先駆的役割を果たした。おもな印象派の画家としてはセザンヌ、モネ、ルノワールなど。

7―**アールヌーボー**　(Art Nouveau) フランス語で「新しい芸術」を意味する、19世紀末から20世紀初頭にかけてヨーロッパを中心に開花した国際的な美術様式。従来の様式に囚われない装飾性や、鉄やガラスなどの利用が特徴で、建築、工芸品、グラフィックデザインなど、そのジャンルは多岐にわたった。

8―**ビジョン・クエスト**　ネイティブ・アメリカンの伝統儀式の名称。数日間、飲まず食わずでひとりで山にこもり、天からビジョンをもらうというもの。もともとは男の子が大人になるための通過儀礼であった。

前野　近代的で合理的な手法の先にある、新しい表現を探るなかで、そのヒントを彼らは日本に見つけたといえそうです。

保井　アールヌーボー[7]もそうですね。いまもパリの地下鉄の入口につかわれています。そのアールヌーボーのエミール・ガレやミュラー兄弟といった代表的な作家が好んでとり上げたのが、日本のアサガオの文様でした。

前野　思えば、アメリカ西海岸のヒッピーにも、鈴木大拙、鈴木俊隆という「2人の鈴木」と呼ばれた日本人が大きな影響を与えたんでしたね。こうやって振り返ると、じつは日本は、欧米のカウンターカルチャーとの親和性が非常に高いんじゃないでしょうか。

保井　そう思います。そうした流れのなかで「ネイティブ・アメリカンのライフスタイルに戻ろう」という運動も始まった。ビジョン・クエスト[8]というのもそのころから流行り始めました。

前野　わたしの知り合いにも何人か経験者がいます。

保井　絶食して、山にこもるんですよね。

前野　参加した日本人はものすごく共感して帰ってきますね。日本人の古層と通じるものを感じるんだそうです。

保井　アメリカ人もそのようですよ。

デザイン思考も日本発？

前野　いま日本で注目されているデザイン思考は、カリフォルニアで生み出された新しいイノベーション手法のようにいわれています。ところが、その先駆者のひとりであるスタンフォード大学のバリー・カッツ先生は、日本で流行っていることに驚いていました。「だって日本を参考につくったんだよ」だそうです（笑）。日本の大企業では、「ワイガヤ」とか「大部屋主義」と呼んで、ロジカルな判断を下さずに「どのアイデアもいいね」と集団でワイワイ話し合いながら、新製品のアイデアが浮かんでくるまで待つということがおこなわれている。こんな手法は、個人主義の国アメリカにはなかったというわけです。それを理論化したのが、彼らのデザイン思考なのだそうです。それなのに日本で流行っている。「大丈夫かい？」というんです（笑）。

保井　ははは（笑）。

前野　この構図が、まさに現状を表しているなあと思うんです。日本人にとって、こうしたあり方はもう当たり前すぎて、その価値に気づけない。ところがロジカルなアメリカ人は衝撃を受けて、「これはつかえる」と取り上げ、便利でパワフルなツールに仕立て直すわけです。しかし、その一方で、彼らの論理のフィルターを通るから、もっとも大切な本質が抜け落ちてしまいがちです。そうして、それを「アメリカで流行っている最先端ツール」として逆輸入した日本人がありがたがってつかっている。ものすごい既視感がありませんか？　これまで何度も通った道じゃないですかね。

保井　本当にそのとおりですね。比喩的にいうと、ダイアローグなどの方法をつかって無意識の泉に潜るのは、そこからこんこんと湧き出てくる創造性、革新性の水を、器に注いで持ち帰るためです。しかし、そういうときに、どうしても邪魔になるのが、これまでのロジックの枠組みなんですね。

前野　はい。

保井　「どうしたら泉の水を、もっとしっかり汲《く》むことができるんだろう」たぶん、わたしたちは、そのことをずっと考えてきたんだと思うんです。昔なら「ただ座っていなさい」と座禅を組ませたりして、「はっ」と気づくまで放っておくことも可能だったのでしょう。しかし現代社会では、そういうやり方はなかなか通用しません。だから論理的なプロセスやフレームワークを用意し、そして表層の世界におけるメリットを示してあげるところが落とし所になっている。それは非常に効率的で早いんだけど、限界があるのは明らかです。

前野　シャーマーのU理論なんて、我々から見ると東洋思想そのものではないかという印象を受けるんですが、アメリカの経営学会でちゃんと受け入れられているんですよね。

保井　U理論は、システム思考の旅を続ける人が通る、ソーシャル・フィールドという4つの領域の第3番目として、自己内省システム、すなわちディベートからダイアローグへの領域を挙げていますものね。自分が飛躍的な境地に至るプレゼンシングの段階に達するためには、センシングという自己内省システムを通るというのです。よくぞ、これだけ古層的なものを理論として再構築したものだなあと思います。

前野 とりわけおもしろいのは、U理論のベースとなっているのが、一流のビジネスマンやリーダー、学者、芸術家たちへのインタビューだというところです。彼らに共通する思考パターンを抽出して理論を構築したら、東洋思想のようになったのだとシャーマーは説明しています。彼らは非常に内省的だったというんです。

保井 ええ。内省し、古層的な部分にアクセスできる人が、創造性、革新性を獲得し、新しいイノベーティブなビジネスモデルを確立できているということだと思います。彼らはダイアローグやU理論が出て来る前から、天才的な嗅覚でそれを身につけていたということでしょう。

前野 やっぱり、近代と古層、西洋と東洋という対比は便宜上のラベリングでしかないんでしょうね。世界の第一線で活躍している超一流の方々とお会いしてみると、もはや、東洋と西洋、論理と感性といったようなステレオタイプのラベルを超えたバランスを保っておられると感じます。ダイアローグは、そういったバランスを取り戻すためのツールなのかもしれません。

表層に古層が露出している日本社会

保井　日本の話に戻しますと、先ほどの話のように「多様な論理の存在を許す土壌がある」とされる一方で「文化が一様で重苦しい社会」だともいわれますね。

前野　なるほど。ネガティブな側面ですね。

保井　日本という社会では、表層のあちこちに古層の文化がゴロッと露出しています。そうした社会で暮らしていると「日本の古層文化を感じ取らなくちゃいけない」と感じる場面が多々ある。例えば、神社にいく。お寺にいく。こうした場所で、どう振る舞うべきか、詳しく記されていることは滅多にありません。でも、日本人はとくに意識することもなく、どういう気持ちになるべきで、どんな作法があり、どう振る舞うべきかを当然のように感じ取り、行動することができます。しかしそれを感じ取れない人には何もわからず、戸惑ってしまう。こういう古層が、社会のあちこちに潜り込んでいるがゆえに、それをイチイチ感じ取るのがめんどくさいんだと思うんです。

前野　うーん。「神社とお寺はここが違う」といった具合に、ロジカルに対応しようとするから疲れてしまうんでしょうか。あ、そうか。表層は非常に近代合理主義的なのに、じつは古層がボコボコとあちこち露出しているから、論理でいけばいいのかそれを超越すべきか悩みやすい？

保井　はい。おそらく、そういうことだと思います。そして、日本人は自分たちが古層をたくさん抱えていることに無自覚です。だから、古層をあまり持たないアメリカ人、ヨーロッパの人々に「なぜそんな非合理なことをするのか、論理的に説明してくれ」と迫られると、口ごもってしまう。説明しようと試みて、初めて、それができないことに気づいて、苦しむことになる。その結果「日本人は何をいいたいのか、考えているのかわからない」といわれてしまう。

前野　たしかに表層の論理では、上手く説明できないでしょうね。ダイアローグでいうところの「保留」したあり方をして、感じてもらうしかない。

保井　はい。古層に関わる部分ですから、判断を保留して、ロジックを手放すしかないんです。

政治的ロジックの変化

保井　ですから、古層に潜り慣れている日本人は、日常生活のなかでも「保留」をすることに長けているんだと思います。これに対し、アメリカの人々はずっと白黒をはっきりさせてきた。そんな彼らが古層に潜ったきっかけとなったのが、ベトナム戦争だというのは非常に象徴的な気がします。その背景には、西海岸に新しい文化を受け入れる素地ができていたこと。そして、この戦争が「負け」だったことが大きい。もちろん形式的には[9]ベトナム和平協定（パリ協定）締結による終結なのですが、武力も政治力も圧倒的な存在だったはずの大国アメリカがベトナムから手を引かざるを得なかったのは、彼らにとって衝撃的な出来事だったことでしょう。精神的には明らかに「負けた」と感じ、盤石に見えた「アメリカの正義」たるものがついに古層に潜っていった瞬間だったのだと思います。とはいえ、それはアメリカを形成する一部分に過ぎず、経済力など、それ以外の分野では相変わらず絶対的な存在であり続けた。だから、ヒッピーなどの文化は、反体制的なところのほうに潜っていったと考えています。

前野　なるほど。

保井　他方で、日本は体制側にも古層に潜りやすい素地があります。保守と呼ばれるほうにどんどん潜っていくことができるんです。

前野　うん？　古層に潜るのは保守だけですか？　日本では革新も潜りますよね。

保井　ああ、そうですね。どちらにも潜れる。ただ、アメリカの体

9｜**ベトナム和平協定（パリ協定）**　1973年1月27日、パリにてベトナム民主共和国（北ベトナム）、ベトナム共和国（南ベトナム）、南ベトナム共和国臨時革命政府、アメリカ合衆国の4者間で調印されたベトナム戦争終結を約し、平和を回復するための協定。米軍は3月29日に南ベトナムから撤退完了した。

制側にはそういう素地があまりないので、体制に異議を申し立てていた、反体制側により潜っていったということです。

前野　ということは、アメリカにおけるダイアローグ的なあり方は、政治的には左寄りになるんですか？

保井　どうでしょうか。米国の草の根保守主義であるリバータリアニズムは、政府の介入を嫌い、私有と自由を極力尊重する立場ですが、これも体制的ではないですよね。従来の右左、保守とリベラルという対立軸では捉えきれないという気がしています。その軸にはめること自体が表層的な枠組みですよね。

前野　ああ、そうか。そうですね。

保井　ですから、ダイアローグ的価値観を持つ人は、政治的なそういう区分けにまったく満足していないとはいえると思います。ところが選挙のような場では、そのロジックに乗らないといけない。とくにアメリカ大統領選は共和党と民主党という巨大なロジックマシーンの枠組み内での争いですから、みんな白けてしまう。そういう構図だと思います。

前野　ふうむ。マイケル・サンデル先生や小林正弥先生の[10]コミュニタリアニズム（共同体主義）に近い感じでしょうか。簡単にいえば、政治的な左右が出て来る前の、近代以前にあった古典思想の発想を今日の時代に生かしながら対話をおこなおうという提案です。こうした流れとは相性が良さそうな気がします。

保井　そうですね。イギリスの市民革命以来、議会制民主主義が発達したことで、保守的なものとリベラルなものを区分けして戦う、というロジックの構図が強固にできてしまった。「その構図はもういらない。もっと以前の世界に戻ったらいいんじゃない？」と考える人たちの受け皿はずっとなかったといえるでしょう。そこにコミュニタリアニズムが登場したというのは、同じ流れだと位置づけることができそうです。２０１６年大統領選の民主党予備選挙の候補者だったバーニー・サンダースもそうした声を拾ったことで旋風を巻き起こした。彼はヒラリー・クリントンに予備選で負けましたが、アメリカでは、あの撤退もまた古層に潜り込んでいくという政治現象が起こっているのではないでしょうか。

前野　たしかに欧米の政治状況は近年大きく変容していますね。

PCの終焉と本音の時代

保井　ええ。わたしはＰＣ（Political Correctness

10―**コミュニタリアニズム**　（communitarianism）現代の政治思想の1つ。リベラリズム（自由主義）やリバタリアニズム（自由至上主義）が個人を優先するのに対し、歴史的に形成されてきた共同体の伝統のなかでこそ個人は人間として完成され、生きていけるとする思想。

政治的公平性）の終焉が始まっているのではないかと感じています。アメリカ人はとくにPC的であることに疲れてしまっている。2016年の大統領選挙では保守本流ではなく、オルタナティブ文化を提示する保守派という意味で、「オルトライト（オルタナ右翼）」という概念が注目を浴びました。

前野　そういえば、最近はPCという言葉が逆説的な意味でつかわれているそうですね。

保井　ああ、たしかに。本来は、公の場で求められる表現を指しているんですが「当たり障りのないことしかいわない」というニュアンスでつかったりしますね。ライカビリティ（魅力）があまりない話し方という感じで。

前野　ふむ。

保井　つまりPCであることが「本音がいえない」「自分の心から湧き出てくるものに向き合えない」という意味になってしまっているんです。本当は「嫌だ」と思っていても、PC的に配慮して、建前しかいえなくなってしまう。心の底からPCなことを思っているのなら問題ないんですよ。でも、そうではなく、我慢している人も少なくない。だから、少々乱暴でも、本音が感じられるものに惹かれやすくなる。

前野　なるほど。ただ、そうだとすると、政治的には乱暴な本音トークを繰り広げるポピュリズムの方向に流れていく？

保井　いえ、必ずしもそうではないと考えています。リベラルな傾向の強いいわゆる「意識高い系」なアメリカ人にとっては、豆腐を食べたり、ヨガをやるのは建前でなく、本音ですよね。

前野　そうか。どっちも本音だ。

保井　そうなんですよ。２０１６年に起こったイギリスのＥＵ離脱決定、コロンビアの和平協定における国民投票での否決、米大統領選でのトランプ氏当選といった現象は、それまで勢力が強かったＰＣ的なものへのアンチが起こしたことだと思うんです。これまで隠れていた彼らの本音が汲み出されたのだから、今後は本音同士で対話をすればいい。

前野　なるほど。だから従来のような政治的な右左という軸ではなく、感情を含めた本音で対話をする段階に入ったと見ることもできるんですね。

保井　日本には「本音と建前」という言い方がありますが、アメリカ人にとってのＰＣはまさに建前だと思うんです。これをつかわなくちゃいけないという圧力が強まって、その反動が出た。

前野　日本もそうなるのかなあ。

保井　本音トークっぽいものや、リアルそうに見えるものを受け入れる素地はすでにありますよね。アメリカでも、日本でも、例えばテレビ番組の司会者の「毒舌キャラ」の人気ぶりなどにはそういう傾向が出ていると思います。

前野　たしかにそうですね。ただ本質的な意味での「本音」なら良いんですけど、表層的な「本音っぽい」ものに惹かれてしまうのは残念です。

保井　ええ。内省的に自分の無意識を覗いて、本当の気持ちを取り出して、それを外に出すのは勇気のいることです。これをやるにはお互いの信頼関係が欠かせません。だから聴衆を前にした演説台や、テレビのスタジオでは、どうしても「本音っぽさ」を出す上手さばかりが問われてしまうのかもしれません。

前野　不安はありますが、ポジティブにとらえれば、まだまだ浅いけれども、本音で語り合うダイアローグ的な世界の入口に来ているとはいえる。

保井　ええ。無意識と対話し、自分が本当に思っている本音。それは外に出しても大丈夫なんだよという場づくりができれば、もっと深いところまでいけるはずです。

主客逆転する日本

前野　日本では、本音と建前というのは感覚的にみなわきまえている。イデオロギーだけでなく、潜る、潜らないという論理さえも超えているところがあるんじゃないでしょうか。非常に説明しにくいカタチにあるんだなあ。

保井　はい。日本は非常に潜りやすい。その一例として、日本文化研究をはじめ思想の泰斗で「編集工学」という概念、およびその組織をつくられた松岡正剛先生の「主客の交換」「主と客の転位」があると思います。本来明確に分かれているはずの、主人と客という役割がクルクルと入れ替わり、ある意味で、主客が潜り合っている。

主客逆転の例をざっと挙げてみましょう。東京ディズニーランドには、観客がプリンセスになれる参加型パレード「ディズニー・プリンセス・デイズ」という人気企画がありま す。また6月に札幌で開催される「ＹＯＳＡＫＯＩソーラン祭り」も、本来は観客であるはずのお客さんが、チームを組んでステージ上で舞い、他のお客さんを楽しませるものです。さらにいえば、コスプレ。漫画やアニメの読者や視聴者だった人たち、すなわちお客さんがアニメなどのヒーロー、ヒロインに扮装してなりきることで、主人として道行く観客を楽しませています。このような主客逆転とか主客転位こそが日本的なおもてなしの本質と捉えると、主人と客が場で共鳴し、主人とお客の立場をフラットに交換し合い、新しい関係を構築して創造性を発揮するのは、日本のお家芸といってよいでしょう。

そう考えていきますと、カラオケやキャラ弁など日本発祥といわれる文化ムーブメントの数々は、いずれも主客逆転の典型なんです。和歌など日本文芸の伝統的な手法「本歌取り」をつかい、本来はオリジナル作品のお客さんとしてしか想定されていない人たちが、主客逆転して、主人として作品をつくり、観客を楽しませる。このように主客が潜り合うところに、日本の社会システムの本質があるように感じています。

前野 互いに潜り合うんだ（笑）。

保井 ええ。そういうことを日本人は芸としても、生活としてもたしなんでいるので、やりやすいんじゃないですかね。

前野 ただ逆転という表現は、ちょっと気になります。主と客が「逆」といっている時点で、近代的な論理でしょう。むしろ主客合一のほうが、しっくりきます。

保井 そうか、そうですね。たしかに哲学者の西田幾多郎は彼の有名な著書『善の研究』（岩波文庫）で純粋経験論の立場から「主客合一」「主客統一」という概念を提唱しています。おっしゃるとおりだと思います。1つの層を潜ると逆転し、さらにもう1つ下の層を潜ると、また戻るという、入れ子構造のイメージですね。ロシアのマトリョーシカ人形のような感じで説明しているんです。

前野 なるほど。逆転よりも合一、マトリョーシカの入れ子構造のほうが実態に近そうです。でも本当の本当の構造は、もっとずっと混沌《こんとん》としているんじゃないですか？

保井 そう思います。

前野 非常に混沌とした構造を論理でつかまえようとするから、こういう感覚的な表現になってしまうんでしょうね。先にも述べましたが、古層のものを表層の言葉で説明すると、必ず大事なものが抜け落ちてしまう、という問題を我々は抱えているんじゃないでしょうか。たしかに抜け落ちているぶんだけ、伝わりやすくはなっています。でも、抜け落ちてしまっていることも確実でしょう。日本的な価値観、東洋思想について語ろうとすると、常にこの歯がゆさがつきまとうんですよ。

保井　たしかに。

前野　じつはダイアローグやマインドフルネスのブームにもこれと似た歯がゆさを感じているんです。

保井　わかります。日本人であるわたしたちから見ると、現在アメリカで受け入れられているマインドフルネスと本来の瞑想はかなり違ったものですから。論理的に説明しようと「アウェアネス」（awareness　気づきの状態）なんていう言葉を定義してしまった代償として、大事な要素が抜け落ちてしまった面があると思います。無意識の古層から汲み出し、腹に落ちるたぐいのものを、表層の論理で語ろうとするからそうなるんです。

前野　仏教における瞑想は、悟りに至るための手法でしょう？　それを「ビジネスの効率アップに有効だ」と取り上げている時点で、重要で本質的な部分がスッポリ抜け落ちています。でも、そうした宗教的な匂いを脱臭しているから流行っているのも事実でしょう。

難しいところです。

保井　そうなってしまうのは、「世俗的（セキュラー）であること」が現代の高度経済社会が受け入れる条件の1つになっているからではないでしょうか。グローバル・ネットワーク化を資本主義の枠組みで推し進めるため「宗教的なものは極力入れないでおこう」という論理があるのだと思います。そのフィルターを通過するために、マインドフルネスはこうならざるをえなかった。

前野　そうかもしれません。でも、その論理自体を疑うこともできるはずですよね。ひと口に「宗教的なもの」といっても、信じる宗教によってその定義はまるで異なるでしょう。わたしは、原始仏教は本来、宗教ではないと捉えています。古代インドで生まれた独自の論理とそれに基づく思想の体系だと捉えられる面もあると思うんです。絶対的な神も登場しません。それを宗教という枠組みに入れたのは、キリスト教の影響を色濃く受けた西洋の論理なのではないでしょうか。その構図が、本質的な議論を成り立たせにくくしていると思うんです。

保井　まさにマックス・ウェーバー[11]が『プロテスタンティズムの倫理と資本主義の精神』（岩波文庫）で書いていることですね。本来キリスト教プロテスタンティズムという宗教上の思想だったものが、近代の合理的資本主義を規定してしまった。これに加えて、現在では

「世俗的であるべきだ」というフィルターも通過しなくちゃいけない。この2枚のフィルターを通さないで、仏教思想について語ると「論理的でない」「宗教的である」と怒られてしまう（笑）。

前野　そうなんですよね。しかし、まあ、欧米でも「それではいけない」という思いが強まっているからこそ、ダイアローグを重視しようとか、古代ギリシャや東洋思想に学ぼうという流れになってるというわけですよね。

保井　そうですね。

「古層の論理」をいかに語るか

前野　じつは『幸せの日本論　日本人という謎を解く』（角川新書）という本に、そのあたりのことを書いたんですよ。表層の言葉・論理で、古層を語るのは非常に困難です。というか、そもそも矛盾しているでしょう。

保井　そうですね。

前野　弁証法の正・反・合[12]、太極図[13]の陰・陽、仏教の禅問答における「山

11—**マックス・ウェーバー**　（1864～1920年）ドイツの社会学者・経済学者。近代社会科学方法論の確立者とされ、戦後日本の社会思想にも計り知れない影響を与えた。主著に『プロテスタンティズムの倫理と資本主義の精神』『職業としての政治』など。

12—**正・反・合**　ヘーゲルの弁証法を構成する3つの要素。ある命題（正＝テーゼ）と、それと矛盾する、またはそれを否定する反対の命題（反＝アンチテーゼ）、それらを本質的に統合した命題（合＝ジンテーゼ）を指す。

13—**太極図**　太極を表すための図案。道教のシンボルで万物の表裏が一体であることを示している。

は山にあらず。ゆえに山なり」に代表される「即非の論理」[14]といったものは、正しい・間違いとは判別できない問題をメタ[15]の視点から捉え直そうとする点で相似形です。これらは、近代合理主義の論理に対抗する古層の論理なのだとわたしは考えています。もし、こういった手法を用いて、表層の人にも古層についてロジカルに説明し納得してもらうことができれば、両者はわかり合えるのではないでしょうか。

保井　そうですね。現代科学の定義から考えれば、推論し、仮説を立て、ロジカルに実証する。そして再現可能であれば、論理的に説明されていると見なされますから。

前野　そうなんです。もう一度強調しておきます。「古層の論理」という設定は、現在我々がつかっている論理の範囲内では成り立ちません。現在我々がつかっている論理は0か1か、正か誤かを、ある枠内で考えるようにできています。そうではなく、0か1かを問わず、枠を超えて、例えば「コインの表と裏があってはじめてコインは成り立つよね」と統合してしまうような考え方を、わたしは「こ

14―即非の論理　日本の代表的宗教学者、思想家である鈴木大拙の独創的な理論。「AはAにあらず、ゆえにAなり」といった矛盾を積極的に肯定する、東洋思想のエッセンスというべき思想。

15―メタ　→P53・脚注20―メタ思考を参照。

れもまたもう1つの論理だ」と考えています。現在では、それは弁証法や即非の論理といった古典であって、近代的な意味での論理だとは考えないのが普通です。でも、古層を明確な言葉で語るためには、こういったアプローチが必要です。弁証法、老荘思想、仏教思想だけでなく、ネイティブ・アメリカンから学ばなければというアプローチも同じです。

保井　ええ。

前野　たしかに厳密な規範と論理を持つことで、科学は大きな成果を挙げてきました。その代表的な存在は物理学や数学です。しかし、先ほど話にも出てきたように、その最先端である素粒子論や複雑系では、観測者（主観）と現象（客観）を分けられないケースが数多く見つかっています。科学的立場の前提とされてきた「客観的事実」という概念が揺らいでいる。この世界を記述するためには、現代型の論理は不十分ですが、統合型の古層の論理でなら説明できます。主観と客観を分けないアプローチ、例えば保井さんがおっしゃったマトリョーシカのような入れ子構造の「主客逆転」という発想も、古層の論理です。コミュニタリアンという政治哲学の復興と同様、古層の論理の復興は、いまこそ真剣に議論されてしかるべきだと思います。

保井　いま「負けるが勝ち」ということわざを思い出していました。例えばリングにいるボクサーは各3分間、定められたラウンドで勝敗がつきます。そこで「負けるが勝ち」とい張るのはまったくの論理矛盾です。ではどうしたらいいか。1つはホリスティック（全体論的）に考える方法があると思います。そのボクシングの試合は負けたけど、因果関係がグルッとまわって、2年後には結局勝っていたといえる状態になっていたり、両方とも が勝っていたといえるような状態になっているかもしれない。こんなふうに時間軸を延ばしたり、システム（系）を押し広げると、勝敗の判定は変わりますよね。

前野　単純に時空間を拡げるだけではなく「負けたことによって気づきがあって成長することができた。だから勝っていた」というケースは、まさに正・反・合の弁証法型ないしは古層の論理といえそうですね。こうした場合も含めて「負けたけど0ではない。違う意味があるじゃないか」という説明を試みるのが、システム思考ですね。

保井　はい。従来なら「科学ではない」「論理的に説明できない」と考えられていたものを取り扱うために、論理の境界線を拡張する。システム思考は、そのためのツールとして非常に有用だと考えています。

前野　システム思考は古層の論理の一表現系ですね。日本人は日常生活で当たり前にやっていることですよね。「負けるが勝ち」のような価値観はごく普通に根付いている。禅問答的な表現、逆説的な警句もたくさんあります。急がばまわれ、会うは別れの始め、泣く子には勝てぬとか。

保井　そうですね。英語圏に「負けるが勝ち」にあたる言葉はあるのかなあ。（しばし考える）……ちょっと浮かびませんね。たしかに「to lose is to win.」という例文は辞書を引けば載っているけれど、実際につかった記憶はあまりないですね。「戦闘に負けて、戦争に勝つ（lose the battle, win the war.）」というのもあるけど、ちょっと違うニュアンスかなあ。

前野　……そうですねえ。こういう近代型論理を超えたようなことわざは、世界中にあっていいと思うんですけどね。

第3章のポイント

アメリカ西海岸でダイアローグが生まれる以前から、
日本は文化のクロスロードとして、多様な文化の衝突、
選択的受容を繰り返してきた歴史を持っている。
（古層が表層に露出している）

「はっきり主張しない」「白黒つけずに保留する」のは、
多様な論理の共存を可能にするダイアローグ的な知恵である。

政治的ロジックの変化、ポリティカル・コレクトネス（ＰＣ）への
違和感が強まっている欧米は、
日本のようなダイアローグ的世界の入口に立っている。

従来の論理で説明しきれない曖昧なモノを捉えようとする
「古層の論理」に、日本人は馴染んでいるのではないか。

第4章
ダイアローグで日本を変える人々

フューチャーセンターとワールド・カフェが日本に上陸

前野　古層に馴染んでいる国、日本。この国で、ダイアローグがどんなふうに実践されているのかについても話してみましょう。例えば、多摩大学大学院の紺野登[1]先生のフューチャーセンター®[2]、ならびに野村恭彦さんが立ち上げた株式会社フューチャーセッションズ[3]はどうですか。わたしは非常にダイアローグ的な試みだと思うんです。

保井　そうですね。流れを解説しますと、まず80年代末の北欧で興ったフューチャーセンターという運動があります。スウェーデンのルンド大学レイフ・エドビンソン教授が提唱したもので、官民が所属する組織の垣根を越え、知識を共有する場をつくろうという試みでした。つまり、物理的な場と対話の仕組みをつくろうということです。エドビンソン教授はスカンディアというスウェーデンの保険会社にフューチャーセンターを１９９６年に設立し、初代ＣＫＯ(chief knowledge officer　最高知識責任者）に就任しています。

前野　ＣＫＯですか、おもしろいですね。

1―紺野登（こんの・のぼる／１９５４年～）多摩大学大学院教授（知識経営論）、一般社団法人Japan Innovation Network代表理事、一般社団法人フューチャーセンター・アライアンス・ジャパン（ＦＣＡＪ）代表理事、ＫＩＲＯ（知識イノベーション研究所）代表。組織や社会の知識生態学（ナレッジエコロジー）をテーマに、リーダーシップ教育、組織変革、研究所などのワークプレイス・デザイン、都市開発プロジェクトなどの実務に携わる。

2―フューチャーセンター®（future center）企業、政府、自治体などの組織が、さまざまな人を幅広く集め、対話を通じて新たなアイデアや問題の解決手段を発見し、相互協力の下で実践するために設けられた施設。

保井　ええ。非常におもしろい人です。これとほぼ同じころ、アメリカのシアトルではアニータ・ブラウンとデイビッド・アイザックスという夫婦が、自宅のキッチンに人を招き、さまざまな集まりや会議をおこなっていました。彼らは、こうしたリラックスした空間でコーヒーを飲みながら気楽に対話をしたほうが、通常の会議室で議論するより、ずっと創造的で有意義なアイデアがたくさん出てくることに気づいていたんです。

前野　ほう。

保井　この話を知ったエドビンソン教授はシアトルに赴き、彼らの自宅キッチンでコーヒーを飲みながら対話をおこないます。このときテーブルの上にあった紙ナプキンに彼らが書きつけたメモが、ワールド・カフェ[4]という運動のはじまりでした。このフューチャーセンター、ワールド・カフェ両方が日本に伝わります。

前野　うんうん。

保井　「日本にもフューチャーセンターをつくろう」と考えた代表的な例が紺野登先生や当時、富士ゼロックスＫＤＩにおられた野村

3―株式会社フューチャーセッションズ
代表取締役社長・野村恭彦が２０１２年６月に設立。クライアントの問いに対し、プライベートセクター（企業）、パブリックセクター（行政・自治体）、ソーシャルセクター（ＮＰＯ・社会起業家）を縦横無尽につなげたフューチャーセッションの実施を通して、未来思考の協調的行動を起こす「イノベーションプロジェクト」をおこなっている。

4―ワールド・カフェ（The World Café）
「知識や知恵は、機能的な会議室のなかで生まれるのではなく、人々がオープンに会話をおこない、自由にネットワークを築くことのできる『カフェ』のような空間でこそ創発される」という考え方に基づく話し合いの手法。参加者が少人数で自由に発言をしながら、他の人々のさまざまな意見にも耳を傾ける機会を増やすやり方。

恭彦さんです。紺野先生らが用いた「ポストイットやホワイトボードをつかいながら、集まった人々が自由闊達《かったつ》に対話をする」というスタイルは、日本における対話のモデルパターンとなりました。フューチャーセンターは90年代後半から、オランダやデンマークをはじめとして欧米アジアで20カ所超の官民協働の知識経済とイノベーション創出の「場」として機能していきます。日本では、紺野先生を中心に、イノベーションを加速・支援する「場の生態系」として官民協働のフューチャーセンター・アライアンス・ジャパン（ＦＣＡＪ）が設立され、活動しています。野村恭彦さんはフューチャーセッションズを起業後、フューチャーセッションという方法論を提唱し、企業・行政・ＮＧＯというセクター横断のステークホルダーを丁寧に招き入れて、ダイアローグを通じて新たな関係性を構築する手法を確立しました。またワールド・カフェの流れも、ワークショップを開きながらグループでテーブルを囲んで対話をするというカタチで広がり、２０００年代後半以降の新しいムーブメントになりました。これらが、日本におけるダイアローグの原点だと思います。

前野　なるほど。ただ彼らのつくった対話の型と、本書のテーマであるダイアローグはまったく同じではないですよね。どうつながっているんですか？

保井　たしかに直接つながっているわけではありません。フューチャーセンター、ワールド・カフェ、そしてデザイン思考に共通しているのは、あえて誇張していえば、フォーマット、日本語でいうと型（カタ）を強調するところです。例えば「ワークショップを開きましょう」「ブレインストーミングが有効です」という感じで、カタチから入るんです。つまりフォーマットを提示することで、対話を発展させようとするのです。では、対話の中身はどこで発達したのか。それが本書のテーマであるダイアローグ理論で、第2章で紹介した4人の先駆者たちが構築したものだといえるでしょう。

前野　ああ、そう考えるとわかりやすいですね。ＡＩ[5]（アプリシエイティブ・インクワイアリー）はどうですか？　両者をつなぐ位置にあるような気がしますが。

保井　なるほど。ただ、わたしはＡＩもやはり「型」、フォーマットが強調されていると思います。すべての組織やモノゴトをひとつのホールシステムにして、みんなの力で変えていこうという組織改革。ちょっと乱暴に定義すれば、対話とはいわゆるホール・システム[6]・アプローチの1つと捉えることができるのではないでしょうか。

前野　ＡＩの方法論には、相手の話を尊重して「聞く」こと、判断

5―ＡＩ（Appreciative Inquiry）組織を機械的に捉えるのではなく、生体として捉えるアプローチ。問いや探求（インクワイアリー）により、個人の価値や強み、組織全体の真価を発見し認め（アプリシエイティブ）、それらの価値の可能性を最大限に活かし、もっとも効果的で高いパフォーマンスを発揮する仕組みを生み出すことを目的とする。

6―ホール・システム・アプローチ（whole system approach）企業、政府、学校、地域コミュニティーなど、さまざまな組織によって構成される社会も、部門、課、グループなど機能分化がなされている企業内でも、近年、組織の垣根を越えて一堂に集まりお互いに語り合い対話するなかで未来をつくっていく「対話の場」が必要となってきた。この「対話の場」づくりの手法を「ホール・システム・アプローチ」と呼ぶ。

をしないで「保留」したりといった、ダイアローグの本質に近いところがあるように思いますが、いかがでしょう。

保井　たしかにアクティブ・リスニング[7]といった手法を取り入れていますね。そして、部分的な問題解決ではなく、組織まるごとを「ありがとう」と受け入れて、より良いものに変えていこうというのは、非常にダイアローグ的だといえるかもしれません。

若者たちをダイアローグでつなぐ

前野　その流れでいうと、ＮＰＯ法人ミラックの西村勇哉[8]さんは、ワールド・カフェなどのワークショップを通じて、対話的な活動をするようになられたということですか。

保井　西村さんは大阪大学大学院で人間科学の修士号を取得したあと、人材育成のベンチャー企業と日本生産性本部に勤め、とくに後者で企業内のメンタルヘルスと職場の問題に取り組むなかで、サードプレイスとしての対話の場に可能性を見た。人間には、誰しもが潜在的に伸びるチカラ、前野さんの幸福学の用語でいえば「自己実

7｜**アクティブ・リスニング**（active listening）米国の臨床心理学者カール・ロジャースが提唱したカウンセリングにおけるコミュニケーション技法の1つ。相手の言葉を進んで「傾聴」する姿勢や態度、聴き方の技術を指す。

8｜**西村勇哉**（にしむら・ゆうや／1981年～）2011年に設立したＮＰＯ法人ミラック代表理事。「既に在る未来を手にする」をテーマに、社会起業家、企業、ＮＰＯ、行政、大学など異なる立場の人たちが加わる、ソーシャルイノベーションのプラットフォームづくりに取り組む。

現と成長」を果たすための潜在能力がある。それを引き出せればいいんですが、実際には、それぞれ所属する組織の枠で関係性が閉じてしまっている。そこで、常識やセクターを問わず、対話を通じて関係性を広げる「ダイアログＢＡＲ」をつくられたと聞いています。

前野　おお。早くからダイアローグと名付けられていたんですね。

保井　ええ。バーといってもお酒を飲むわけではなくて、毎月一度定期的に集まってフラットに対話できる場だった。ＢＡＲは一橋大の野中郁次郎先生の講演で「日本語の『場』はフィールドとは違う。『ＢＡ』と呼ぶしかない」と聞いたことにインスピレーションを受けて、「ダイアローグＢＡＲ」と名付けた。これをベースに２０１１年に法人化されたものが、「ＮＰＯ法人ミラツク」なのだそうです。

前野　そういう経緯だったんですか。知恵袋の保井さんにどんどん聞きたくなってきました（笑）。西村さんが師と仰いでいる井上英[9]之先生についても教えてください。

保井　井上英之さんは慶應ＳＦＣで、ＮＰＯやソーシャルベン

9｜**井上英之**（いのうえ・ひでゆき／１９７１年〜）INNO-Lab International 共同代表／慶應義塾大学 特別招聘准教授。２００１年よりＮＰＯ法人ＥＴＩＣ．にて、日本初のソーシャルベンチャー向けプランコンテスト「ＳＴＹＬＥ」を開催するなど、社会起業家の育成・輩出と市場の創出に取り組む。03年ソーシャルベンチャー・パートナーズ（ＳＶＰ）東京を設立。09年、世界経済フォーラム「Young Global Leader」に選出。近年は、マインドフルネスとソーシャルイノベーションを組み合わせたリーダーシップ開発に取り組む。

チャーについて研究していた先生です。ＳＶＰ東京（ソーシャルベンチャー・パートナーズ東京）という団体を立ち上げ、社会起業向けの投資をなさっていたのですが、やがて西海岸にあるクレアモント大学院大学に訪問研究員として滞在します。ピーター・ドラッカー[10]が長年教授を務めていた名門ですね。井上先生はそこを訪れる前年、スタンフォード大学の訪問研究員時代にパーパス・エコノミー（purpose economy）に出会われた。これはお金儲けだけではなく、社会的な正義や大義を実現するための新しい経済学です。そしてさらにマインドフルネスと出会い、大きな影響を受けたそうです。

前野　おもしろいですねえ。

保井　偶然なんですけど、同じ米国西海岸をベースにして、野中郁次郎[11]先生と、先ほどのフューチャーセンターの紺野登先生がカリフォルニア・マネジメントレビューに「場」についての論文「コンセプト・オブ・場」を出しています。１９９８年に出たこの論文によって、それまでぼんやりとしたイメージに過ぎなかった「場」という概念が、経営学というサイエンスの対象になったんです。

10―**ピーター・ドラッカー**（１９０９～２００５年）は、オーストリア・ウィーン生まれのユダヤ系オーストリア人経営学者であり社会思想家。現代のマネジメント思想にドラッカーが及ぼした影響は数知れず、「マネジメントの父」とも呼ばれる。

11―**野中郁次郎**（のなか・いくじろう／１９３５年～）一橋大学大学院名誉教授、早稲田大学特命教授。「知識創造経営」の生みの親として知られ、現在においても世界的に影響力のある経営学者。

前野　「場」についての論文が出たのもカリフォルニアなんですね。

保井　そうですね。日本におけるダイアローグ的な試みの源流はカリフォルニアだといえるかもしれません。

前野　井上さんのマイプロジェクト[12]はそうした経緯から生まれたものなんですね。カリフォルニアに赴く以前からやっておられたそうですが、日本に帰国してさらに花開いた感じです。通常「プロジェクト」と呼ばれるものにはまず大きな目的があって、それを達成するための計画を考えていく。ところがマイプロジェクトでは、自分の人生を１つのプロジェクトとして捉えるところから始めます。自分の歴史を振り返り、そこから何を目的にするべきかを見つけようとする。非常にダイアローグ的だなと思います。

「みちくさ小道」からすべての人に居場所と出番を

保井　その流れでいえば、加藤せい子[13]さんの活動にも注目したいです。ご自身でもおっしゃっているように、加藤さんはもともと岡山県総社市で暮らす平凡な主婦でした。転機となったのは

12―**マイプロジェクト**　井上英之（Ｐ１３１・脚注９）の研究室から始まった教育手法。ひとりひとりが感じている生活・仕事のなかでの些細な疑問や違和感、問題意識に心を傾け、そこから生まれてくる想いからプロジェクトを創出する。自ら感じることに基づいたプロジェクトを始めることが、個々のレジリエンス（折れない心の力）や、システムを動かす社会変化にもつながる。

13―**加藤せい子**（かとう・せいこ）２００８年５月に設立されたＮＰＯ法人「吉備野工房ちみち」理事長。ＰＴＡやボランティア活動に取り組むなかで、生活者の視点を取り入れた地域づくりを志す。一般社団法人日本産業カウンセラー認定、産業カウンセラー。女性の就労支援やＤＶの相談も受けている。

1997年に起こった神戸連続児童殺傷事件で、酒鬼薔薇聖斗を自称する加害者は、被害者と同じ街に暮らす中学生だった。このニュースを観て「どうしてこんな事件が起こったんだろう」と考えた加藤さんは、地域の人々が対話をするメカニズムづくりに乗り出します。これが、現在のみちくさ小道[14]、一人一品運動につながっている。

前野　一人一品運動は、大分県の一村一品運動[15]がヒントになっているんですか？　各村が特産品などをアピールする地域活性化運動を個人に応用して「達人」と呼ぶものですよね。

保井　ええ。もう1つのきっかけは、大分県別府市のオンパク[16]（温泉泊覧会）だと聞いています。別府は温泉地として有名ですが、近年は観光客が減少していた。そこで地元の人たちが「自分たちが主役になっておもしろいことをやろう。それが観光地としての魅力になるんじゃないか」と考えた。この試みが地域活性化に役立つ手法としてモデル化され、現在では全国50カ所以上でオンパクが開かれています。加藤さんは「温泉のないオンパク」を構想し、一村一品運動をヒントに一人一品運動を提唱したんだそうです。

14―みちくさ小道　どんな人にも「品（ひん＝品位）」があるとし、地域の人が持っているいろいろな歴史や文化や伝統などの「品」を掘り起こし、集めてみせる「一人一品運動」が「みちくさ小道」であるとする。

15―一村一品運動　1979年に当時の大分県知事・平松守彦が提唱し、翌年から大分県の全市町村で始められた地域振興運動。各市町村がそれぞれ1つの特産品を育てることにより、地域の活性化を図った。

16―オンパク（温泉泊覧会）　観光客の減少で活気を失いつつあった地域の活性化を目的として、2001年にインターネット博覧会（インパク）運動のリアルイベントとして、大分県の別府温泉にて開催されたのが最初。

前野　そうなんですね。じつは、加藤さんに初めてお会いしたとき「達人を育成しておられるんですね」といったんです。そうしたら即座に否定されてしまいました（笑）。

保井　ほう。

前野　加藤さんは「達人は育成するものではありません。誰もがもともと達人なんです。対話を通じて、その人がどんな達人なのかを見つけ出していく活動なんですよ」とおっしゃった。ものすごく感銘を受けましたね。

保井　なるほど。たしかにこの運動で活躍している達人の方々は、みな特別な人ではなく、その地域に暮らすごく普通の人ばかりです。とりわけ、社会のなかで疎外されやすいご老人や子どもといった層から対話の輪が広がっているのが象徴的です。そういう方々のほうが自分の心と向かい合う時間が持ちやすいので、対話の価値に気づきやすいということかもしれません。対話によって彼らは尊厳を取り戻し、自己実現を目指す。それを加藤さんは「達人」と呼び、ワークショップを通じて、地域のつながりと自己実現の輪を拡げる活動につなげていく。

前野　個人が自分らしさを発揮するということと、地域の活性化を見事に結びつけているんですよね。加藤さんの活動がここにたどり着いたというのも、おもしろいです。

保井　ダイアローグが日本社会にどんな貢献ができるかを象徴的に表す、非常に良い例だと思います。

一切衆生悉有性イノベーター

前野　手法は違うものの、加藤さんの一人一品運動と、井上さんのマイプロジェクトは非常に近いように感じます。

保井　同感です。どちらの活動にも「ひとりひとりの無意識のなかには才能や可能性が眠っていて、対話によってそれをリフレクティブに取り出せば、伸ばすことができる」という前提がある。

前野　そうですね。

保井　仏教には、あらゆる人には仏さまの性質〝仏性〟があるとする「一切衆生悉有仏性」[17]という言葉がありますね。それに似ているなと感じています。そして、それを取り出す方法も似ている。つまり、誰かが導いたり、議論によって指摘されるのではなく、無意識から自分自身でリフレクティブに取り出すべきものだとされている。これはダイアローグの定義にもつながる気がします。

前野　究極の境地である仏性に到達するのは相当大変そうですよ（笑）。でも、その道筋と構造は似ているというわけですね。

保井　そう思っています。そうした大切なものは、外から教えられるものでも、求めにいくものでもなく、自分のなかにあるんだよと教えてくれているのかなと感じるんです。

前野　ああ。その考え方は、コーチングの一種である[18]コーアクティブ・コーチング®にも通じますね。[19]CTIが掲げる基本理念はNCRW（People are naturally creative, resourceful and whole）で、「人間はもともと創造力と知性にあふれ、欠けるところのない存在である」というものです。彼らのおこなうコーチングが、アドバイスではなく、相手の話を「聞く」ことに重点を置くのは、この哲学があるからなんです。

保井　同じですね。

ご近所にイノベーションを起こす「場」づくり

保井　[20]坂倉杏介先生たちのやっておられる三田の家、[21]芝の家という一連の活動についても紹介させてください。最初に始まったのは、三田の家です。大学の教員、学生、地域の人たちの共同で築40年ほどの空き家になっていた古い民家を借りて再生

17―**一切衆生悉有仏性**（いっさいしゅじょうしつうぶっしょう）生きとし生けるものは、すべて仏になる可能性（仏性）を持っているという仏教の思想。

18―**コーアクティブ・コーチング®**（Co-Active Coaching）「コーチング」とは、コーチとの対話を通して、気づきや学びを得て、自らの選択によって行動していくためのコミュニケーションスキルを得ること。「コーアクティブ」というのは、「協働的」という意味。

19―**CTI**　国際コーチ連盟（ICF）に世界で初めて認定されたプログラム（ACTP）を提供している米国のコーチ養成機関。同社のライセンスを受けて、2000年にCTIジャパンが設立された。

し、地域のお年寄りたちも気軽に出入りできる「交流の場」をつくるものでした。ここから発展してできたのが現在も続いている、芝の家です。これは対話のための「場」づくりだといえると思います。

前野　ええ。

保井　おもしろいのは、芝の家を運営するスタッフは参加者に「これをやりましょう」と提案しないというところです。彼らは、安全で、居心地がよく、誰もが平等に出入りできる場をつくり、維持することだけにわざと専念する。集まった人が何をしようと見守っている。ところが、そうしていると自然発生的に「何かをやろう」という人たちが共鳴しあって「音あそび実験室」「しばこうえんあそび隊！」といった活動が生まれてくるんです。坂倉先生はこうした活動を「ご近所イノベーション」と呼んでいます。

前野　なるほど。わりとフォーマットがはっきりしているワールド・カフェとは違って、定まった形式がなく、イノベーションを起こそうといった働きかけすらやらないんですね。そうした場で生まれるダイアローグから、自《みずか》らというか、自《おの》ずからさまざまな活動が現れ

20―**坂倉杏介**　（さかくら・きょうすけ／1972年～）社会学者・コミュニティーデザイン実践家。東京都市大学都市生活学部准教授、慶應義塾大学大学院政策・メディア研究科特任講師、三田の家LLP代表ほかを務める。

21―**芝の家**　「地域をつなぐ！交流の場づくりプロジェクト」の拠点。東京都港区芝地区総合支所と慶應義塾大学の協働で毎週、火～土曜日にオープンし、子どもも大人もお年寄りも、みんなでまちを考えてつくる場の提供を目指している。

る。おもしろい。

保井　そうですよね。この活動の底流にも、各地域でごく普通に暮らしている人々にこそイノベーターになりうる潜在的な能力がある、という哲学があります。そしてリラックスできる安全な「場」があれば、無意識に眠っているその能力が外に出てきて、イノベーティブなことが起こるというアプローチも共通していると思います。その方法論としての場づくりなのでしょう。芝の家も、ミラックも、求めているところはおそらく同じなのだろうと思います。

前野　ただ、坂倉先生はそうした放任主義的なアプローチをする一方で「ご近所イノベーター養成講座」という能動的にイノベーターをつくり出そうという働きかけもしておられますね。両方のアプローチが必要なんでしょうか？

保井　ええ、やはり上手い仕掛けや触媒があると、イノベーションが加速するということではないでしょうか。例えば、これまで2年かかっていた地域のイノベーターの誕生が半年で達成できる。そのためのモデルづくりを試行なさっているのだと考えています。

イノベーションを加速させる仕掛けと触媒

前野　ああ、なるほど。そういう意味では、わたしたちも参加している中村一浩[22]さんの小布施インキュベーションキャンプ（ＯＩＣ）、小布施イノベーションスクール（ＯＩＳ）といったプロジェクトも、対話によってイノベーションへの加速を目指すものといえそうです。対話という活動そのものは、とくにイノベーションを目指したものではない。だから、ご近所イノベーター養成講座のように、それをはっきりイノベーションに向ける仕掛けも用意している。自《みずか》らと、自《おの》ずからのバランスをとっているように見えるんです。

保井　おっしゃるとおりですね。もうひとつ指摘するなら、日本では、ダイアローグを通じたイノベーション理論が、カリフォルニアをはじめとする欧米直輸入の形式に流れすぎていたという反省があるのではないでしょうか。ワールド・カフェは「お茶を飲んで、お菓子食べて、落書きしながら」とか、デザイン思考は「ホワイトボードや模造紙とポストイットを用意してブレインストーミングをやるもの」といったフォーマット優先になっていた。それなりの意義は

22―中村一浩（なかむら・かずひろ／１９７８年〜）　株式会社 Project Design Office 代表取締役。事業構想大学院大学修士課程修了。専門領域は人材育成・組織活性、事業開発。現在注力しているのは「対話」を通じたイノベーションの創出。

23―システム×デザイン思考　前野隆司が委員長を務め、保井俊之が教壇に立つ、慶應義塾大学大学院ＳＤＭ研究科が提唱した問題解決の考え方。論理を重視する「システム思考」と、感性も動員する「デザイン思考」の両方を融合することで、さまざまな課題が解決されるのではないかという試み。

あったと思いますが、形式ばかりなぞってしまって、本質的な部分を輸入しきれていなかった。

前野　ええ、形式や理論は便利ですからね。

保井　でも、つながることで開かれるのは、自分自身の内側にある無意識なんですよ。これは日本人が古来から持っていた感覚だったはずなのに、それを忘れてしまっていた。

前野　我々も[23]システム×デザイン思考なんていう、システマティック過ぎる伝え方をしてきた面があるかもしれません。形式を入口にして、中身を伝えたいのだけど、つい形式ありきになりやすい。ですから中村さんのＯＩＣ、ＯＩＳは非常に刺激的でした。

保井　わたしも参加しましたが、本当にそうでしたね。

前野　ＯＩＳでは、我々が慶應ＳＤＭでおこなっている「デザインプロジェクト」という授業で提唱しているシステム×デザイン思考が原型になっています。システム×デザイン思考はイノベーティブなアイデアを考え出すための型ですね。これを学ぶとアイデア自体はたくさん出るようになる。ところがそれを実現できる人と実現できない人とがはっきり分かれてしまう。

保井　わたしもデザインプロジェクトに参加していますが、たしかにそうですね。

前野　実現できなかった修了生に理由を聞くと「上司の反対」とか「コストが引き合わな

い」といったところで挫折していることがわかります。イノベーションをもたらすようなアイデアは、本質的にハイリスク・ハイリターンであることが多い。だから、そうなるのもわかるんですが、その一方で、周囲の反対があっても挫折せずに最後までやり遂げる人も少なからずいる。上司を説得したり、周囲を巻き込んで改良するなどして。

保井　ええ、そうでした。

前野　一方、OISの前におこなうOICでは、徹底的にダイアローグを実施します。チームとの対話、そして自分とのリフレクティブな対話をしっかりやる。すると、自分が本来やりたかったことは何か、が理解できるようになります。加藤せい子さんの言葉を借りれば「達人」性みたいなものが開発される。こうした条件を整えたあとに、OISで型を教えると、一気にイノベーションが起きる。まるで当たり前のことのように、どんどん新規事業が実現しました。要するに、イノベーションの型を教える前に、しっかりとダイアローグをして、それぞれの人の達人性や欠けることのない創造力・知性を引き出しておくことが重要だったのです。

保井　はい。

前野　これが本当の対話だなあと実感しました。いまの社会に欠けていて、まさに必要とされているものですよ。

保井　わたしもそう思います。もうひとつ、小布施でのプログラムで感じたことを思い出しました。ダイアローグでは、アイザックスの唱えた4つの行動が欠かせません。でもその重要度は、アメリカと日本では逆になるのかもしれないなと感じたんです。

日本では「聞く」より「出す」が難しい

前野　ほう。そういう仮説が浮かんだんですか。

保井　はい。アイザックスが最初に挙げたのは「聞く」で、「大事にする」「保留する」「出す」という順になっています。ところが小布施でいちばん苦労したのは最後の「出す」でした。

前野　ああ。

保井　ダイアローグにおいては、論理的にまとまっていなくとも、頭に浮かんできたものを、そのまま、とりあえず口に「出す」ことが求められます。でも、これが日本では大変でなかなか言葉が出てこない。その代わり、これさえクリアできれば、他の3つはある程度できるんです。アメリカとはまったく順序が逆になるのかもしれない。

前野　そういえば中村さんは「とりあえず出す」と書いた書を小布施の古民家の床の間に飾っていましたね（笑）。

保井　日本人にとって「ここがいちばん難しい」と中村さんたちも直感的に感じておられるんじゃないでしょうか。

前野　たしかにそうかもしれません。ただダイアローグだけでなく、コーチングやカウンセリングでもいまは「聞く」「傾聴する」が基本となっていますよね。もしかしたら、アメリカから入ってきた理論を日本でもそのままつかっているからというだけ？

保井　うーん。断言はできませんが、実感としてその可能性を感じています。アメリカで会議に参加すると大変じゃないですか。みんな話し始めると止まらない（笑）。「とりあえず他の人の話を聞きましょう」と指示されなければ、いつまでも話してしまう人が少なくない。

前野　ははは（笑）。たしかにそうです。

保井　日本の会議はシーンとしていて、落差に驚くことがあります。進行役が「ご発言をお願いします」と指名しないと誰も話さない。

前野　なるほど。そういえば、ある英会話学校では「話し続ける相手を遮って、途中から会話に入っていく」練習をするそうです。日本人は相手が話し終わるまで待つんですが、アメリカ人は自然に途中から入っていく。だからその練習をする。しかも、その学校では、自分の話を遮られたときに「いや、ちょっと待って。まだ話したいんだから」と相手に打ち切られないようにする練習までするそうです（笑）。

保井　それはすごい（笑）。

前野 たしかに日本人がアメリカ英語を取得するには、これが必要ですよね。

保井 そう思います。いわゆる会話を「かぶせる」わけですが、これをしないと彼らは本当に滔々《とうとう》と話し続けます。何もいえない（笑）。

前野 日本語でそれをやると失礼になるけど、彼らは失礼とは感じないので問題ない。

保井 もちろんそうです、それをしないと話に入れませんから。日常会話もある意味、戦いになっているんですね。

前野 ああ、そうか。だからネイティブ・アメリカンはトーキング・スティックを持っているのかもしれません。発言権はスティックを持っている人だけにあり、まわりは聞かなくてはいけない。ダイアローグにおける「聞く」はその効果に注目したのではないですか？

保井 そう思います。トーキング・スティックは発言する時間を平等配分するための知恵なんです。

前野 なるほど。そう考えると、日本では発言者を優先することのできる人が多いから、ダイアローグで「聞く」を強調しなくてもいいかもしれない。

保井 そんな感じがします。で、いま、ふっと思いついたことがあります。

前野 なんでしょう。

保井 日本人は、車座になって座ると、ごく当たり前のように、心のなかで自分と対話し始めるのではないでしょうか。だから、他の人たちと言葉を交わす必要を感じないのかもしれません(笑)。

前野　ははは(笑)。なるほど。

保井　ただ、心のなかの対話だけで、自分で自分を変えられる人はやっぱり少ないと思います。だから、他の人と言葉を交わして、車座のなかを飛び交う数々の言葉を借りて、気づきのインセンティブを与える必要があるんです。でも、日本人はこれが苦手で、自分とだけなだらかに対話してしまうから、変化に至れないことがあるのかなと感じました。

社会を変える、種火と北極星

前野　日本のダイアローグ的な新しい流れ、まだまだありますよね。

保井　取り上げたい先進事例としては、三田愛[24]さんが主導して、熊本県黒川温泉の北里有紀さんらの、東京のクリエーターたちとの世界的映像・Ｗｅｂ作品プロジェクト「ＫＵＲＯＫＡＷＡ ＷＯＮＤＥＲＬＡＮＤ」、長野県塩尻市の山田崇さんらの「ＭＩＣＨＩＫＡＲＡ」という地方自治体職員と首都圏企業人材による官民協働の地方創生プロジェクトほか地域のイノベーターたちが地域を支える仕組みを協創する仕組み、[25]コクリ！プロジェクト。

前野　あれも非常におもしろい。

保井　ええ。地域コ・クリエーション研究から始まったプロジェクトで、地域の未来をデザインし、変えていける人を探すものです。これを三田さんは「種火探し」と呼んでいます。閉塞してしまっている地域でも、そこに住んでいる人たちの心には、自分やこの街を「変えたい」と願う火があるはずだ。その火はまだ自覚されていなかったり、小さすぎて吹き消されそうになっているかもしれない。でも、たとえ小さな種火でも、3人集まれば、小さな火を点すことができる。その火を絶やさず燃やしていけば、大きな火となり、焚き火のまわりに自然に人が集まるように、地域を温め、明るく照らし、それが地域を変えるきっかけになる。これが三田さんの種火理論で、江戸中期の米沢藩中興の祖、上杉鷹山[26]が藩政改革のためには藩士ひとりひとりの心のなかにある情熱の火のタネ、すなわち「灰に埋もれた火鉢の底で燃え続けている微かな種火こそが大切だ」と説いたという逸話を思い出します。

前野　ええ。種火のメタファーはすごくいいですよね。火は1つきりなら消えてしまうけど、対話を通じて他の人が持つ種火と合わさ

24—三田愛　（さんだ・あい）株式会社リクルートライフスタイル・じゃらんリサーチセンター研究員。人材育成・組織変革を専門とする。2014年度経済産業省「地域ストーリー作り研究会」委員。米国CTI認定プロフェッショナル・コーチ。

25—コクリ!プロジェクト　多様な人たちが地域の内外の境界を越えて共感と信頼でつながり、お互いに本領を発揮しながら、コ・クリエーション（協創）の力によって、地域・社会の変容をつくり出すプロジェクト。

26—上杉鷹山　（うえすぎ・ようざん／1751〜1822年）出羽米沢藩主として質素倹約・殖産興業・田畑の開墾等を実施し、養蚕・織物等の新産業の開発にも努めた。また農村振興により、天明の大飢饉にも餓死者を出さず寛政期の藩政改革者としてもっとも優れた人物とされる。

ることで、だんだん大きくなる。そういうイメージが湧きます。

保井　この理論のポイントも、たとえ小さくとも「たしかに燃えている種火」がそこには必ずあるというところだと思うんです。無意識に眠っているそれは、自分でリフレクティブに潜って、取りにいかなくちゃいけない。だからダイアローグが大切になる。

前野　実際、コクリ！のキャンプは非常に大勢の人々が集まって、活発な対話を重ねています。大きな火になっても、そのなかでは、それぞれ異なる小さな種火がたくさん確実に燃えていることが実感できる。

保井　まさにそうですね。

前野　三田さんは「北極星」という表現もつかっていますね。航海に出るときの大きな目標という意味かなと思っているんですけど、もしそうだとしたら、トップダウンで理想を掲げることと、ボトムアップで種火を見つけつなげていくようなダイアローグ的なことの両方のアプローチをしているということでしょうか。

保井　北極星と種火の関わりは、前野さんの幸福学でいう「幸せの4因子」[27]でも説明できるのではないでしょうか。種火理論は第2因子「つながりと感謝」（ありがとう！因子）を満たすもので、種火を点してつながっていくこと。北極星は、第1因子「自己実現と成長」（やってみよう！因子）を満たすもので、個々の種火が自己実現しながら、みんなで高みに持っていくための目標という解釈です。ただ、この解釈も一面的過ぎるかもしれませんね。みんながそれぞれの北極星を持ちましょうという意味もありそうです。

前野 ああ、ダイアローグと幸福学の関わりはおもしろいですね。その話は次章で改めて対話させてください。

保井 ええ、そうしましょう。

前野 わたしが「北極星」というメタファーに戸惑うのは、目標としては遠すぎると思うからなんですよ（笑）。400光年も先ですよね？

保井 ははは（笑）。

前野 幸福学的には、目標はがんばれば届くくらいの距離にあるのがいいんです。遠すぎると幸福度は下がってしまう。だから、北極星はあくまでも方角を指し示す道しるべのメタファーと考えるべきではないかと思うんです。

保井 羅針盤ということかもしれませんね。行動する前提としての北極星。歩くことに集中してもし迷ってしまっても、いつでも空を

27―幸せの4因子 前野隆司が提唱する幸福学の理論。第1、第2因子以外に、第3因子「前向きと楽観」（なんとかなる！因子）、第4因子「独立とマイペース」（あなたらしく！因子）の4つから構成される。

見上げれば進むべき方法を指し示してくれる。だから、踏み出すことができる、歩くことに専念できる、というような。

前野　そうですね。

保井　実際、種火がたくさん集まっても、行動に移すのは難しいものです。不平不満が出たり、批評ばかりする人がいるとなかなか動けません。だから、歩き出そうというときに「そこに北極星が見えるから、みんなでとにかくそちらの方向に一歩を踏み出そうよ」というメッセージなのかなと思いました。

前野　うん、いいですね。三田さんはどう思われているんでしょうね。ご本人に聞かず、2人で勝手に解釈するのもおもしろいですが。

保井　僭越《せんえつ》の極みですね（笑）。コラボレーション（協調）とコクリエーション（協創）は似て非なるものだということでしょうか。達成したい目的と手段が見えているときに、みんながともに行動するのが協調。一方で協創とは大きな方向性や可能性は見えているけれど、その実現のために何をしたらいいかわからないときに有効。答えややり方は見えないけれど、何かをしたいという種火。遠いけれど方向性を示してくれる北極星。信頼関係のある安心安全な土壌の上で、多様な仲間たちが境界を越えてつながり、お互いに本領を発揮しながら自分たちの未来を協創していく。里山から世界に打って出ていくための道しるべとしての北極星。こんな感じでしょうか。

前野　なるほど。いずれにせよ、種火と北極星が幸せの因子に対応しているということは、幸せな活動ですね（笑）。

事業にダイアローグを取り入れる

前野　事業化に成功している事例もありますよね。山崎亮さんの studio-L[28]とか、個人をちゃんと活かしてバランスをとっている。

保井　山崎さんはコミュニティーデザインの観点から非常に上手くやられていますね。彼がおもしろいのは、外部から専門家をワークショップにたくさん呼ぶところです。街づくりだったり、お祭りといった課題となっていることに関する専門家を招いて、彼らの話をまず地域の人たちにじっと聞いてもらう。あえて実践の前に、これをやる。なぜだかずっとわからなかったんですけど、これは「自分との対話」を始めるきっかけづくりじゃないかと思うようになりました。

前野　ほう。

28 — **studio-L**　東北芸術工科大学教授、慶應義塾大学特別招聘教授でもある山崎亮が代表を務める。日本全国で食、農、自然、福祉、観光、アート、教育、環境、医療、防災など多様なジャンルのプロジェクトに携わる。

保井　専門家の話は、外部からの刺激です。刺激が与えられれば、聞いている人たちの内面では必ずリアクションが起こる。「街づくりの専門家はこういっている。自分たちの街はどうだろう」「そのやり方はどこまで応用できるだろう」「同じことをこの街でやるには一体何が必要だろうか」と自然に考える。これが自分との対話になり、やりたいこと、発揮したい能力を見つめることになります。そのうえで、他者と対話することができれば、集団で何かをつくるための準備ができる。このブースターのところを重視しているのではないでしょうか。

前野　なるほど。中村さん、坂倉さんのようなゆったりとした対話とはずいぶん違いますが、ダイアローグの精神としては同じということですか？

保井　ええ。フェイズが分かれているのでわかりにくいんですが、非常に共通しているところがあります。つまり、自分をリフレクティブに見つめて、無意識にあるものを取りにいくプロセスを非常に大切にしているところですね。

前野　森のリトリートをやっている山田博[29]さんも同じように、事業に対話的なものを取り込んでおられますが、こちらは対照的にゆったりしています。

保井　そうですね。無意識に潜っていくアプローチにはさまざまなものがあるんだと思います。ですから、ゆったりした仕掛けによって、何かが出てくることもある。ギュッと押せば必ず何かが出てくるというものでもない。

前野　たしかにそうです。

保井　山田さんは参加者に「森のなかで自分の好きな場所を見つけ、しばらく過ごしてみてください」とおっしゃいます。これは思う存分、自分とリフレクティブに対話しましょうということだと思います。動物のように手を地面につけて歩くといったワークもありますね。あれはフィジカルな感覚を取り入れることで、自分との対話がよりしやすくなるという提案になっている。そうすることで無意識から何かが取り出せるということではないでしょうか。

ダイアローグを通じた地域活性化

保井　わたしはこの4年ほど、4000人を超える人たちとシステム×デザイン思考のワークショップを主宰しながら、日本の地域活性化の現場を集中的に調査してきました。いま日本で何が起こっているかをざっと説明してみます。かつて地方には、地縁・血縁が非常に強い社会がありましたが、1950年代〜70年代にか

29―**山田博**（やまだ・ひろし／1964年〜）株式会社森へ代表取締役。コーアクティブ・コーチング®を学び、CTIの認定資格を取得後、大手企業より独立。2011年株式会社森へを設立し、森のなかでの対話プログラム「森のリトリート（ライフ編／ビジネス編）」を開始する。

け、そこに暮らす若者の多くが就職で東京や大阪、名古屋といった大都市に出ていきました。そして2010年代に入り、その大半が定年となり、今後はその子ども世代が定年を迎えようとし始めています。

前野　ええ。

保井　都市に出てきた最初の世代は、故郷《ふるさと》というカタチで、旧来の地縁・血縁をまだ保っていました。お盆や正月には、故郷に帰省する。そこでの人間関係や料理、風景に「懐かしいね」と当たり前に感じることができた。ところがその子ども世代にはそうしたつながりはありません。縁が切れてしまっている。その典型的な例がニュータウン[30]などで起き始めている孤独死の問題で、これからどんどん出てくるでしょう。橘木俊詔[31]先生らが「無縁社会」として警鐘を鳴らしておられるところです。いまこの問題に対処しようとしているのが、地域を活性化させるNPOなどの中間支援組織[32]などで、この章で紹介した坂倉杏介先生の三田の家や芝の家、加藤せい子さんの「みちくさ小道」などは、そうした活動の1つとして位置づけることが

30―ニュータウン　都市の郊外に開発される市街地のこと。日本では高度経済成長期に、都市部の人口集中を解消するため、郊外を順次開拓していったことが始まりで「ベッドタウン」の色合いが強い。近年では入居当時の住民の高齢化や、建物の老朽化などが問題になっている。

31―橘木俊詔　（たちばなき・としあき／1943年〜）経済学者で専攻は労働経済学。京都女子大学客員教授、京都大学名誉教授。おもな著書に『格差社会』（岩波新書）、『無縁社会の正体』（PHP研究所刊）などがある。

できます。彼らは、それぞれ現場で、いったん地域のなかの「ご縁」が切れてしまった、そのご縁をつくり直す、いわば「もやい直し」[33]をしている人を支援しているんだと思います。

前野　そう位置づけることができるんですね。

保井　はい。坂倉先生の三田の家や芝の家は、地域の古い民家を、誰もが安全につながれる場にするところから始まりました。加藤せい子さんの「みちくさ小道」が始まった岡山県総社市という街も、戦後の工業化で移住してきた人たちが多いんです。彼らは定年を迎えて、世間から取り残されているような孤独感を抱えていた。そこで「泥団子づくりが上手い」「古墳に詳しい」という人を「達人」と呼び、地域のご縁つなぎのきっかけにしようとしたんです。

前野　うん。

保井　これらの活動は、おもに団塊の世代やその前後の人々のご縁をつなぎ直そうとするものです。これに対して、ミラックの西村さん、小布施町の中村一浩さんたちの活動は、もっと下の世代のご縁をつなぎ直そうという試みだといえます。若い世代にとって、「地」

32―**中間支援組織**　行政と地域の仲立ちをするほか、企業とNPO、市民とNPO、NPOとNPOなど、多様な関係性を取り持つ組織。公設、民設両方の形態がある。

33―**もやい直し**　「もやう（舫う）」とは船と船をつなぎ合わせる、あるいは船を岸の杭などに結んで停泊することで、「バラバラになってしまった心の絆をもう一度つなぎあわせる」という意味の造語。吉井正澄水俣市長が1994年の第3回水俣病犠牲者慰霊式の式辞で述べたのが、この言葉が公式の場でつかわれた最初とされる。

や「血」といった古いご縁はすでに失われている。彼らの多くは都市部の会社に勤めています。かつては、この会社における地位や関係が「会社縁」のような擬似的なつながりになっていましたが、転職や定年でこの縁は失われることもよく知られるようになりました。

前野　たしかに。

保井　だから、こうしたグループでは、従来の縁とは違う、もっと抽象的なものでつなぎ直しをすることになります。例えば「社会を変えたいというもやもやした気持ちを持っているけど、その方法がわからない」といった彼らが共有しやすい感覚で結びつくことができる。物質的にはとても恵まれていたとしても、気持ち的には寄る辺がない人たちに、変えられる力を取り戻してもらい、つなぎ直そうという試みに、ダイアローグが貢献している。わたしは、そう考えているんです。

前野　なるほど。おもしろいなと思うのは、高齢者、若者問わず、現代を生きる日本人が新たなご縁をつなぎ直そうとすると、その土地に古くからある特産品だったり、古墳、葛飾北斎といった古い「もの」がクローズアップされるケースが多いということです。そうすると自然に盛り上がれるし、続きやすい。なんだか明治維新や高度経済成長によって失ったものを取り戻す復興運動みたいですよね。意識しているのは「横」につながることなのに、無意識に時間軸を何百年も遡《さかのぼ》って「縦」につながってしまう。そうか！　無意識のうちに、結果として、古層に潜っているんだ。

保井　ええ。横に、水平につながるためには、触媒のようなものが必要なのでしょう。それを探してみると、縦に、垂直に潜ることになるのかな。それを「依《よ》り代《しろ》」にして、つなぎ直す。

前野　これまでの進歩主義では、もう先に進めないのかもしれない。そういう状況に直面したら、みんなが無意識的に古層に潜り始めた。第3章でも出たマイケル・サンデル先生や小林正弥先生がコミュニタリアニズム（共同体主義）に行き着いたのも、西洋の古層に潜ったといえますから、構造は同じですね。時空を超えて、いろいろ出てきて、そのピースがつながり始めた。

保井　ええ。1992年にアメリカの政治学者フランシス・フクヤマさんが『歴史の終わり』（三笠書房刊）という本を書きました。たしかに米ソを軸とした冷戦構造の時代は終わりましたが、歴史は終わらず、国民国家という主体では論じきることのできない時代に戻ったかのようです。歴史も古層に潜ったといえるのではないでしょうか。

第4章のポイント

日本におけるダイアローグの原点はフューチャーセンター
（スウェーデン発）とワールド・カフェ（アメリカ発）にある。
ポストイットと模造紙をつかったブレイン・ストーミング、
ワークショップなどの対話法はここから広がった面もある。

ダイアローグ的手法を用いたさまざまな国内の試み
（紹介順）

・フューチャーセンター®　・フューチャーセッション
・ワールド・カフェ
・アプリシエイティブ・インクワイアリー（AI）
・ミラツク　・マイプロジェクト
・みちくさ小道、一人一品運動
・オンパク　・コーアクティブ・コーチング®
・三田の家、芝の家　・ご近所イノベーター養成講座
・小布施インキュベーションキャンプ、
小布施イノベーションスクール
・コクリ！プロジェクト　・studio-L　・森のリトリート

第5章
ダイアローグがつくる幸福な未来

歴史は繰り返すのか

前野　ダイアローグ的な価値観が急速に広がりつつあるのは、わたしたちの社会が行き詰まり、いま、そうした転換を必要としているからだということがわかりました。ちなみに、こうした流れは過去にもあったのでしょうか。日本の例でいえば、江戸時代の前半は経済が発展し、人口も急増していますが、後半になるとピタッと停滞してしまいます。ところがその代わりに、独自の文化が花開いたとされています。もしかしたら、こういったことは、これまで何度も起きてきたことに過ぎないのではないでしょうか。

保井　わたしも、かなり循環的なのだろうと考えています。いま挙げられた江戸時代でいいますと、歴史人口学の大家、速水融《あきら》先生による「都市蟻地獄説」[1]というのがあるんです。江戸時代前半は灌漑《かんがい》治水技術の進歩、肥料や農機具などの普及によって新田開発が進んだ。ところがその進歩が限界に達すると、大都市である江戸が、人口を調節する蟻地獄になってしまったというものです。なぜかというと、若い男性は余剰労働力として、次々と地方から江戸に送られ

1 ― **都市蟻地獄説**　江戸時代、江戸や大坂などの大都市はお金を稼ぐために地方農村部から出てくる若者を引きつけたが死亡率が高く、出生率は死亡率以下だったため、「江戸っ子は3代もたない」ともいわれた。

てきます。しかし女性は少なかったので、江戸は独身男性ばかりです。また、野菜などのおかずは少量で、口当たりが良い白米ばかり食べたために栄養が偏り、脚気などの病気で命を失うことが多かった。江戸がこのような「蟻地獄」と化したために、結果的に全国の人口は約3000万人程度で維持されたというものです。

前野 過酷な社会だったんですね。

保井 そのようです。しかし、その一方でまったくの独自の華やかな江戸文化が生まれた。コインの表裏みたいなものだと思います。

前野 なるほど。非常に苦しい環境だからこそ、豊かな文化が生まれたということですか。

保井 ええ。イメージでいえば、はかない命だったからこそ「宵越しのカネは持たず、パッとつかってしまう」みたいな。その後明治になると、西洋から新しい技術が導入されます。さまざまな産業でさらなる増産が可能になり、人口が再び増えていきます。すると今度は富国強兵の旗印のもと、海外に植民地を求めるようになった。

前野 ふむ。歴史を振り返ってみて思ったんですけど、世界の先進国の多くで同時多発的にダイアローグの波が起こったというのはもしかして初めてではないですか？

保井 ええ、たいへん画期的なことだと思います。

前野 ですよね。さまざまな国で暮らす人々が一斉に対話の時代に向かうというのは、すごく良いことだと思います。ダイアローグ的価値観を通じて、これまで起きてきた紛争や環境問題がどんどん解決に向かう、なんていうシナリオを思い描くのは楽観的すぎますか？

保井　おっしゃるとおり、平和な世界に向かっていくんだと思います。ただ、やはりコインの表裏がある。経済学者で元アメリカ財務長官のローレンス・サマーズは最近、長期停滞論[2]を唱えています。ひと言でまとめると、先進国の需要は満ち足り、経済成長のチャンスはなくなり、先進国ばかりか新興国経済も含めて経済は長期停滞に入ったという説です。21世紀に入り、先進国の金利は軒並みゼロもしくはマイナスになっており、しかもどんどん収斂《しゅうれん》している。従来はこのサイクルが各国で違っていたから、その差を利用することで成長できましたが、そのサイクルがそろうようになってしまった。世界経済は、ある意味、低体温状態にあるというのです。

前野　やっぱり江戸時代の話に似ていますね。経済的に停滞してしまう代わりに、過当競争をやめて、精神的な豊かさに時間を費やすことができるようになる。

2—**長期停滞論**　(secular stagnation)　一般的に、ある国や地域において収益性の高い有望な投資先やビジネス機会が減ることによって経済成長率が低下し、その低成長状態が長期間にわたって続くことを指す。

3—**限界費用ゼロ社会**　ジェレミー・リフキンが同名の著書（NHK出版刊）で提唱した。モノやサービスを1つ追加で生産した際のコストの増加分(限界費用)は限りなくゼロに近づき、将来的に企業の利益は消失して、資本主義は衰退を免れないとする。

保井　「限界費用ゼロ社会」[3]みたいな話ですよね。共有型経済で余暇も多いという社会は一面素晴らしく見えますが、裏返せば、みんな失業しちゃうともいえます（笑）。

前野　極端に考えるとそうなってしまうけど、北欧のように上手く分配できればいいのではないかということですよね。

保井　そう思います。失業しても一定の所得が得られる、ベーシック・インカムの議論がこの文脈でいま、なされていますよね。分配の知恵を応用する、ダイアローグ的価値観と相似ですね。

リトリートするツールとしてのダイアローグ

前野　ダイアローグに希望を感じる一方で、いまさらながら、「古層に潜る」という表現がちょっと気になってきました。表面から姿を消すというか、負けるに近いニュアンスを感じてしまいます。いささかネガティブではないですか？（笑）

保井　個人的な比喩で恐縮なんですが、わたしが「古層に潜る」という表現でいつも思い浮かべているのは、海のなかにドボンと入っていくイメージなんです。海面からはたしかに消えてしまいます。でも、その一方で自分自身は広い海に包み込まれていて、とても幸せなんです。

前野　ふむ。息は苦しくないんでしょうか？

保井　(笑)。息をする必要もないイメージなんですよ。

前野　そうなんですね。わたしは森のなかにいる感じがするんです。

保井　ああ、なるほど。もしかしたら、前野さんは森にいくと自分が開く感覚があるのではないですか？　わたしは海が好きで、海にいくとすごく開かれるんです。ですから、それぞれ自分が解放される、いちばん好きな場所にいくイメージなのではないですか。

前野　自分を取り繕わなくてもいい場所にいくということなんですね。

保井　はい、自分自身をリトリーブ（retrieve　取り戻す）しにいくイメージです。

前野　そうか、そうですね。ロジックに徹底的にこだわっていたら、日常会話すらPC的な方向に収束しかねない。それは自分を近代合理主義の論理に合わせて取り繕うことですよね。

保井　でも常にPCであろうとしている人であっても、ふとした会話の瞬間にPCではなくなるときがあるものです。論理的には「間違っている」と指摘されるかもしれませんが、そこには本当の自分が露出している。「リトリート」(retreat) している状態。

前野　おお。いまリトリートという表現が出ました。日本ではわりとスピリチュアル系の人がつかいがちな単語という印象もありますね。

保井 そうなんですか？

前野 そう思います。ロジカルな世界を超えて、古層に近づこうとするという意味では、スピリチュアルも同じ方向を向いているんでしょう。そこでスピリチュアル系にいくか、ダイアローグやU理論、デザイン思考などの方向にいくかということになっているのかな。

保井 「リトリート」の和訳ですが、ランダムハウス英和大辞典には、静かに修める「静修」というのが出ています。「宗教的修行や黙想のために閉じ込もること」やその期間だそうです。１３９3年以前にはあった言葉で、「retraire」（引っ込める）の過去分詞の名詞用法とありますから、引っ込むんですね、いったん。

前野 へえ、引っ込むんだ。re-treat（再び扱う）ではないんですね。

保井 はい。引っ込んで、本来である自分を取り戻すことなんでしょうね。

前野 「退却」「避難所」「隠居所」という訳もあるんですね。日本語に翻訳すると少しネガティブなニュアンスがあるのに、リトリートというとそう感じないのが不思議です(笑)。

保井 わたしはこの言葉に、すごく実感を持ちます。24時間メールやSNSにがんじがらめになる生活ですから、常にiPhoneとiPadをチェックできるようにしておかないといけないんです。ここからリトリートしたいと切実に感じます。アメリカ西海岸を中心にクリエイティブ産業や情報産業に従事している人たちも、同じようにリトリート、つまり引っ込みたいんじゃないでしょうか。だから、マインドフルネスや瞑想、ダイアローグを求めている。引っ込むことは、むしろネガティブではなくなっているのだと思います。

前野　なるほど。「潜る」も「引っ込む」もネガティブではないんですね。表層の論理で判断すると、疲れて、現実から逃げているというネガティブな評価をしてしまいがちですが、古層の価値観から見れば「ようこそ、おかえりなさい」ということなんでしょうね。

保井　そうですね。気づいた人たちが先に古層へと戻っていく。2016年大統領選で他の民主党候補と争ったバーニー・サンダースの支持者が典型です。彼らには「従来の政治の枠組みはもうやめよう」という強い思いがあったといわれます。それに対してヒラリー・クリントン支持派は、徹底的にロジカルで、PCで、女性やマイノリティはガラスの天井にぶつかっているので、それを打破することが第一義だという理念をいささか過剰に抱いていると受けとられるフシがあった。だから両者は理念レベルでは議論が噛み合わなかったと思われたのでしょう。

直線状の時間、円環の時間

前野　なるほど。でももう少し、あえてこだわってみます（笑）。「古層」つまり古いものに戻るというのもネガティブな行為に見えかねません。

保井　一例として、日本における古民家ブームはどうでしょうか。高度経済成長のころから、伝統的な日本的な家屋は時代遅れだとされるようになりました。そこで断熱材や新建材を入れ、大きな窓を付け、アルミサッシにし、天井を高くし、値段も手頃にするという近代的で合理的な進化を遂げます。ところが、その価値観は近年、クルッとひっくり返ってしまいました。「暑さも寒さも感じない住まいは本当に幸せなのか？」という価値観が出てきた。そして「古民家に住みたい」という人が増えています。

前野 たしかに流行ってますね。

保井 古民家は冬寒く、風も吹き抜けやすく、たとえエアコンを入れても効きづらい。ロジックで見れば、明らかに住宅としての性能は低いんです。でも「それが良い」という若い人は少なくありません。これは新しい価値です。

前野 古いものではあるけれど、新しい。

保井 ええ。おそらく、断熱がしっかりした洋風の住宅しか知らない若者にとっては、自然に新しく見えるのでしょう。古層を知っている人から見ると「おかえりなさい」です。

前野 わかります。でも、その一方で「古いところに戻る」ことに抵抗を感じる人も少なくない。「世界は進歩しており、どんどん良くなってる」と信じている人に、古民家や共同体思想、老荘思想といったものは、単なる懐古趣味に見える可能性がありませんか？それでも「これこそが最新なんだ！　新しい価値観なんだ！」というべきなんでしょうか。

保井　進歩主義的歴史観[4]というやつですよね。矛盾や不合理を解消し続けることによって社会は常に改革され、変化し、より完全な状態を目指して、向上し続けていくという考え方です。たしかに産業革命以降の世界では、テクノロジーの進化によって、経済的に豊かな人が増えたといえるでしょう。しかし、本当にそれがウェル・ビーイングの向上に役立っているのだろうか。幸福学の研究をなさっている前野さんもご存知のとおり、これには時間感覚が大きく作用しています。

前野　はい。

保井　ミシガン大学のリチャード・ニスベッド先生は、『木を見る西洋人　森を見る東洋人　思考の違いはいかにして生まれるか』(ダイヤモンド社刊)で、東洋と西洋では時間の感じ方が大きく異なっているとおっしゃっています。キリスト教的価値観の強い西洋では、来るべき審判の日に向かって一列に並んでいるイメージの、直線的な時間です。これに対して、東洋人はグルッと円を描く時間のイメージを持っている。中国を発祥とする60年周期でまわる干支《えと》があり、

4―**進歩主義的歴史観**　歴史を人間社会のある最終形態へ向けての発展の過程と見なす歴史観。世代を重ねるごとに国家や社会が抱える矛盾を、高まる知識と道徳によって変革していくことにより、理想に近い形態へと進化させようとする思想。

日本人は正月から大晦日《おおみそか》まで、1年単位で円環状に四季を繰り返すというイメージが非常に強い。ところでヒントになるのは、ユダヤの人たちです。彼らも円弧状の時間感覚を持っており、ロシュ・ハシャナという新年のお祭りには、時間がグルッと一周したことをお祝いするために、丸いハチミツのケーキを食べるのだそうです。

前野　ユダヤ教はキリスト教のルーツになっている宗教ですよね。それを信仰している人たちが円弧状の時間を持っているというのはちょっと意外です。

保井　ええ。直線的な時間感覚は、キリスト教の誕生後、もしくは近代西洋文明的な思想とともに出てきたと考えても良いのではないでしょうか。

前野　厳密にいえば他の解釈も可能なのかもしれませんが、そういう理解をしたくなりますね。たしかに、キリスト教のルーツになっている宗教が東洋と同じような時間感覚を残しているというのはおもしろい。

保井　そう思います。ただ、円形の時間感覚については「同じところをグルグルまわっていたら、進化しなくてダメじゃないか」なんて批判されることも多いんです。そうした声に対して「2次元では円に見えるけど、3次元的にはらせん状になっているから、Z軸方向に進化している」なんていう説明がされることもあります。ただ、これは進歩主義的歴史観に合わせようという意図が透けて見えて、ちょっとだけ胡散臭い（笑）。

前野　「必ず進化するべきだ」「必ず進化するはずだ」という表層のロジックを前提に置くからそういう説明が出てくるんでしょう。たしかにそれらしく聞こえるけれど、本質的な部分が抜け落ちてしまう典型のような気がしますね。

保井　わたしもそう考えています。クルクルまわる円環の時間軸でわたしたちは生きている、ということで良いのではないでしょうか。ですから「古いから劣っている」ないしは「古いけど、これが最新なんだ」のように二項対立的に主張する必要はとくにないんだと思います。

前野　時間軸が円環であることのメリットは何だと思いますか？

保井　たぶんですが「忘れることができる」んじゃないでしょうか。直線状の時間を生きている人は、過去がどんどん積み上がってしまいます。だから悪いことをすれば、自分を許せなくなったり、これからは良いことをしなければ、ミスをしないようにしなければとストレスがかかっていく。これは最期の瞬間まで続きます。これに対して、円環の時間感覚では、一周するたびに時間がリセットされ、忘れることができる。マインドフルな状態が保ちやすいのではないでしょうか。マインドフルネスの基本は、「いまここにあることに集中する」ですよね。

前野　ふうむ。

保井　例えば、日本人の文化では、ツラい出来事や過ちがあったとしても、「年忘れ」をしてから「新しい年が来た」とか、赤ちゃんを想起させる赤色のちゃんちゃんこを着て、「還暦になったから赤ん坊からやり直す」といった時間の区切りが用意されている。完全に忘れるわけではないけれど、これがあることで、それなりにリセットした気分で、新しく歩み出せる。

前野　うん、同じ意見ですね。直線状の時間軸の上に乗った進歩主義的歴史観が行き詰まったときに、「必ずしも進歩するとは限らない」という時間軸が古層に眠っていたことを思い出した。こちらの時間感覚のほうが生命の繰り返しとも相似形だし、いろんなことが説明できるとみんな思い始めた。

保井　それでも、進歩主義的な価値観からは「進歩しないなんて、それで良いの?」といわれてしまうんですよね。その前提からは見ない、ということなんですが（笑）。

前野　進歩主義から抜け出るという進歩をしたら、進歩主義ではなくなった（笑）。これもまた、一周まわって元に戻った感じでもありますね。

前野　進歩といえば、今回この対話はインターネットを介して日米でおこなっていますね。だから、あまりダイアローグっぽいやりとりとはいえないかもしれません（笑）。

保井　ははは（笑）。

リトリートの窓を通じ、表層と古層を行き来する

前野　炎を囲んで、車座になって、まったり対話したほうがダイアローグ的になるんでしょうか。いや、沈黙だらけで本が真っ白になってしまうかな（笑）。

保井　「・・・」が多くなりそうです。「・・・鳥が飛んできましたね・・・（5分間無言）」なんてつぶやいたり（笑）。

前野　ははは（笑）。

保井　機会があればそういう対話も収録してみたいですね。

前野　アメリカと日本でこうして気軽に話せるのは便利なことですが、パソコンに向かってのやりとりでは、ゆっくりとしたダイアローグにはなりにくいのかもしれません。

保井　はい。その代わり、余計なものを削ぎ落として、研ぎ澄まされたやりとりをするのには向いているのかなという気もします。

前野　そうですね。以前、「株式会社森へ」の山田博さんと森のなかで対談したときのことを思い出します。森にいるだけで、気持ちはもちろん、出てくる言葉もまるで違ってく

る。「何も考えていませんよ」みたいなリラックスした状態だからこそ降ってくる言葉、浮かぶイメージというものがたしかにあるんです。ただ、わたしは学者だからなのか、つい知識やロジックで反応してしまう。でも、本当はそういうものを手放してしまったほうが古層にアクセスしやすいんでしょう。

保井　ええ。山田さんは普段から非常にゆっくり話されますし、表層のロジックを手放している感じがします。ご自分で、古層にリトリートしやすいライフスタイルを設計なさっているのではないでしょうか。

前野　そうですね。うらやましい。我々はいまの仕事を辞めるまで、あそこまでいけないでしょう。

保井　はい。表層から古層にリトリートするときに「開くべき窓」がいくつかあるんだと思うんです。山田さんはコーチングのお仕事をなさっているうちに「森のリトリート」[5]というアイデアを思いつき「これだ！」とその窓を開けた。その1つのルートを開拓するまでには何年もかかっている。これに対して、我々科学者はロジック

5　森のリトリート　株式会社森への山田博（P153・脚注29）らが主催する2泊3日のプログラム。ゆっくり静かに「ひとりの時間」を森のなかで過ごし、焚き火を囲みながら仲間と「対話する」。企業や組織で働くリーダーを対象とした「森のリトリート for ビジネス」と一般向けの「for ライフ」がある。

によって得られた「知識」というありがたい力をつかって、他にも存在する「リトリートの窓」をいくつも水先案内人のように示すことができる。そういう意義があるんじゃないでしょうか。

前野　ほう。古層に通じる「リトリートの窓」をみんながシェアできるようにする水先案内人というのは、良い仕事だなあ。何千年もの歴史で積み上げられたロジックの言葉たちにアクセスする表層の場、それだけでは触れられない古層の世界、その両方を行き来することができるとしたら、ものすごく豊かですよ。ちょっと感動して、いま古層に潜りかけました（笑）。

保井　人によっては、右脳と左脳という言葉で説明することもありますね。表層におけるロジック（左脳）とリトリートした先の古層（右脳）という区別です。

前野　ああ、左脳と右脳の行き来という表現はありますね。ちなみに、左脳は論理脳、右脳は感性脳という分類は便宜的な表現でしかありませんよね。

保井　ええ。脳科学的には厳密さを欠くそうですね。文学的な表現でしかない。

前野　そうなんです。便利なので、流行りすぎてしまったきらいがあります。

保井　なるほど。では、あくまでも便宜上の表現としていうと、表層におけるロジック（左脳）とリトリートした先の古層（右脳）を対等に扱いたいというのが、本来のデザイン思考だったと思うんです。ところが、多くの人は、新しい表層側の立場から古層を説明してしまうので、蔑《ないがし》ろにされがちでした。「素晴らしいけど詳しいことは知らない。まあ、みなさん行ってみたらどうですか」と放置してしまうような状態だったと感じます。

前野　たしかに。

保井　だからダイアローグを通じて「古層とはこんなものである」「アクセスするにはこういう窓がある」といったことを提示したい。

前野　そうですね。あの、右脳、左脳について補足しますと、これは脳表面についての大まかな分布傾向に過ぎないんです。単純に、表面のほうが検査機器で計測しやすい。だから脳科学は表面についての研究は進んでいるんですが、深部については、いまだになかなか上手く測れないのが実情なんですよ。

保井　そうなんですか。

前野　そうなんです。ですから、言語に関わる機能が脳表面の左側に局在している傾向があるのはたしかだけど、「その部分だけが司っているとはいい切れない」という議論も出てきています。詳しいことは、もっと脳の深い部分も含めて、今後さらに研究が進まないとわからない。もしかしたら、これから、感性と論理の関係について、まったく違うメカニズムが見つかるかもしれません。

保井　脳科学も「深いところ」「古いところ」に潜っていくんですね（笑）。

前野　ははは（笑）。たしかに。脳という臓器はまだわからないことだらけです。脳のどの部分が「意識」を司っているのかという問題すら、いまだに議論が続いています。怒りの感情が生じるときは脳の真ん中付近にある感情中枢が働き、何かを「はっ！」と閃《ひらめ》いたときは前頭前野が働いている。「では意識は？」と聞かれると「全体にあるらしい」というしかない。「では無意識はどうですか？」と聞かれると、これもまた難しいんです。条件反射は脊髄、意識せずに歩行ができるのは小脳の機能です。このように、あたかもロボットのように身体を動かす「自動運動」は脊髄、小脳、延髄が司っているんですが、意識はこれらにはまったくアクセスできません。ある意味「無意識のなかの無意識」と呼べるでしょう。でも、ダイアローグなどを通じて、ふっと意識に浮かんでくるような意味での「無意識」というのは脳のどこなのかわかっていない。だから「脳の奥深くが古層で、無意識だ」といい切ってしまうのは「右脳と左脳という表現ぐらいの意味では正しい」としかいえないんです（笑）。本当に正しいかというと、議論があるでしょうね。

保井　なるほど。

ロジックで語れないものとしての「美」

保井　では1つ質問させてください。「美しいなあ」と感じているとき、活発に働くのは脳の奥なんでしょうか？

前野　どこでしょうね。感情中枢かな。うれしいことが起こったときは、脳下垂体後葉から「愛情ホルモン」と呼ばれるオキシトシンが出て、感情中枢である扁桃体に作用するんですが、そのあたりといえるかもしれません。

保井　最近、ソーシャルデザインも含めたデザイン全般で「美しいものをつくりたい」とおっしゃるひとが増えていると感じます。アメリカだけじゃなく、日本でも同じ感じがある。やっぱり、わたしたちはいまロジックでは語れない方向に向かっているんじゃないでしょうか。

前野　ロボットの研究をしていたころ「美しい歩行」をテーマにしたことがあるんです。最初は、物理的に無理のない最適な動作が良いだろうと、もっともエネルギーをつかわない効率的な歩き方を調査しました。そうしたら、美しくないんです。最適な動作より、むしろ少し背筋を伸ばしたり、余分なコストを少し払ったほうが美しく見えることがわかりました。

保井　そうなんですか。

前野　だから美は難しくて、まだ、まったく解明されていないところだと思います。哲学では真・善・美[6]という言葉がありますね。それぞれ、哲学、倫理学、美学に対応しています。真と善は明らかそうに見えたけど、ポストモダン[7]思想以降は、そこに本質があるのか疑わしくなってしまいました。美も同様ですね。絶対的に美というものはない、というべきかもしれません。

保井　なるほど。古層にリトリートしたときに、どんな良い状態になれるのか。その1つに、美しいものを「美しいなあ」と感じるというのはあるんじゃないかなと思ったんです。

前野　……最近「茶室は美しいなあ」って思うんですよ（笑）。シンプルで、小さく、古く、和風で、静かです。

保井　ああ（笑）。日本人は「この1年間何事もなくて良かったね」というような平穏無事なあり方に幸せを感じますね。ところがこの感覚は、アメリカで生まれたポジティブ心理学[8]では扱われていない。彼らは「それって幸せなの?」と驚くのかもしれません（笑）。でも日本人には、それはとても安心できる幸せです。そういう境地にいきたいってところですかね。

6｜真・善・美　認識上の真と、倫理上の善と、審美上の美。人間の理想として普遍妥当な価値を指す。それぞれ学問・道徳・芸術の追求目標といえる3つの大きな価値概念。プラトンは、現実世界は理想的な世界の投影であり、真・善・美（＝理想）を求める活動が物事の本質だとした。

7｜ポストモダン　（Postmodern）モダニズム＝近代主義がその成立条件を失った時代を意味する。ポストモダニズム（Postmodernism）とは、そのような時代を背景として成立した、モダニズムを批判する文化上の運動を指し、哲学・思想・文学・建築の分野でおもに用いられる。

前野　「春はあけぼの」なんて、本当に小さな美や幸せがたくさんあるのが日本なのかもしれません。それは近代合理主義からみれば、些細すぎるし、理解できないかもしれない。改めてロジックで考えてみると「月見」もすごいですよね。月見てるだけですからね。

保井　たしかに（笑）。

前野　新しい刺激を求め続けることこそワクワクする幸せだという近代アメリカ的な感覚とは明らかに遠いですね。そうか、古層から来る感覚かもしれませんね。平穏で静かな幸せ、やっぱり美にいくのかなあ。

保井　まるく循環する時間のなかで、自分が美と感じるものを愛でる。美とともにあることを幸せに思う。この感覚は、日本以外にもあります。幸福大国といわれるブータンで、あるブータン人に「幸せってどういうことだと思いますか？」と聞いたら「夕方タバコを吸いながら、山に沈む美しい日の入りを見ているとき」と答えたんです。

前野　ふうむ。わたしも最近はそれに近い感じですよ。

8―ポジティブ心理学　（positive psychology）個人や社会を繁栄させるような強みや長所を研究する、近年注目されている心理学の一分野。アメリカ心理学会の元会長、マーティン・セリグマン博士は、「ポジティブ心理学の父」と呼ばれている。精神疾患を治すことよりも、通常の人生をより充実したものにするための研究がなされていて、「幸福になれば、人は生産的で、行動的で、健康で、友好的で、創造的になる」という研究結果が出ている。

保井　アメリカでは最近注目されてきた幸せの概念かもしれません。サトルティ（かすかなこと）に注目しよう、というのがマインドフルネス隆盛のきっかけをつくった90年代に流行った思想です。身体のわずかな変化に注目すると幸せ度が増す、という考えですね。

前野　生きてるだけで幸せという感じがします（笑）。

保井　それは素晴らしい。まさに「あり方」ですよね。表層のロジックからいったん離れて、リトリートしないと得られない幸せなんだろうと思います。そこのところをみんなが求めているのではないでしょうか。

表層的な幸福と古層的な幸福

前野　今朝読んだ新聞に、消費支出がマイナスになっても政府は「デフレではない」といっているけど、やはりこれはデフレではないかという記事が載っていました。

保井　ははは（笑）。

前野　そういう時代に、みんなが「月がきれいだなあ」と夜空を見上げて満足していたら、消費はますます減ってしまいそうです（笑）。

保井　そうですね。

前野　その一方ですごく低コストで環境にも優しい、幸せな人類のあり方ともいえる。こんなふうに、わたしの大脳新皮質がいろいろなことを考えるのは、さまざまな問題にロジックで対処しようとするからです。問題がなければ、ボケッとしていられるし、幸せではある。でも安心・安全のみで弛緩し続けていたら幸せではなさそうです。やはりワクワクもしていたい。そのへんのバランスなのかなあ。

保井　ワクワクは前野さんの幸福学における大きなテーマですよね。わたしはワクワクも、古層にリトリートする際の重要な因子ではないかと考えているんです。

前野　うん。わたしは、幸福学研究の一環として、いま感動やフローといった、心の状態について研究しているところなんです。でも、ワクワクと平穏は結構矛盾してしまうんですよ。

保井　そうなんですか？

前野　わたしがまとめた「幸せの4因子」の1つめは「自己実現と成長」（やってみよう！因子）で、ちょっと進歩主義的な匂いのするものなんです。調査してみると、現代日本人にとっては、こうした表層的な価値がたしかに幸せに寄与している。古層に潜りなれているとはいえ、表層的な存在でもあるということができるかもしれません。大まかにいえば、これは[9]ドーパミン的な幸せといえます。ワクワク型の幸せです。

保井　はい。

前野　2つめが「つながりと感謝」（ありがとう！因子）です。安心安全で、調和的で、信頼できる仲間がいること。こちらは古層的な幸せと呼べそうです。あるいは、平穏型の幸せ。神経伝達物質でいえば、セロトニン[10]、オキシトシン[11]的な幸せともいえます。ワクワク型と、平穏型。両方が幸せの因子分析で出てきたというのは、やはり、この両者のバランスが大事ということだと思います。古層に潜ればそれでOKということではなく、表層と古層を行き来できるのがいい。

保井　そうですねえ。

前野　考えてみると、茶室もそうですね。とても静かな空間で心が落ち着く一方で、お茶碗とか、掛け軸、一輪の花の美しさを愛でるところはものすごくワクワクする、感性と知性の満足です。そのバランスをどうするのが良いのか、もしくは統合するにはどうしたら良いかを考える時代が来ているのかもしれません。

保井　よくわかります。

9―**ドーパミン**　脳や脊髄の中枢神経系に存在し、快感、やる気、学習能力、運動機能やホルモン調節といった働きを司る「報酬系」といわれる神経伝達物質。

10―**セロトニン**　おもに生体リズム・神経内分泌・睡眠・体温調節などに関与する。ノルアドレナリンやドーパミンと並んで、体内でとくに重要な役割を果たす三大神経伝達物質の1つ。セロトニンが不足すると、うつ病や不眠症などの精神疾患に陥りやすいとされる。

11―**オキシトシン**　脳下垂体後葉から分泌されるホルモン。セロトニンとともに「幸せホルモン」「愛情ホルモン」と呼ばれ、ストレスを緩和し幸せな気分をもたらす。

保井　ソーシャルデザインの研究者としてのわたしのテーマを幸福学の用語で定義すれば、第2因子「つながりと感謝」（ありがとう！因子）の研究者といえると思います。その立場から見ると、現代社会のありよう自体が、これまで人間が豊かに持っていた「古い層でのつながり」を切り刻んでしまっているのではないかと思うんです。「無縁社会」という新語が広くつかわれるようになるほど、古層に持っていた「ご縁」がブチブチと切られている。戦後の大規模開発によってつくられた、いまや空き家だらけの広大なニュータウンで老人が孤独死をする。これは、ドーパミンだけで暮らしても、人間は幸せにはなれないということではないでしょうか。ダイアローグは、これをセロトニン的な世界でつなぎ直そうとするものだと思います。

前野　ええ。

未来の古層を豊かにするために、いまの幸せを表層につくる

保井　ただ、あまりにもブチブチ切られ過ぎてしまうと、古層に潜っても修復できなくなってしまうんです。だったら表層の世界でもつなぎ直そうと、日本各地でＮＰＯなどの地域活性化団体がつなぎ直しの試みを始めています。先ほども話した「もやい直し」をしている。もちろん彼らのこうした活動の成果もやがては古びてしまいますが、それは古層に潜っていきますから、それで良いのだと思います。

前野　なるほど。現代的なあり方としての「つながり」を新しくつくり直していくという活動は、一見すると、各個人にとっての表層の幸せでしかない。しかし古層のつながりにまでアクセスすれば、それはまわり回って、やりがいや新しい活動にもつながりますね。ですから、第1因子の「自己実現と成長」にも間接的に結びつく、ということではありませんか。

保井　そうですね。「つながり」をつくることはワクワクするし、表層のロジックから見ても価値があり、創造性もあるので、みんながやりたがるでしょう。でも、古層側から見ると、その本当の意義はそれがいつか古びたときに出てくるのだと、わたしは考えているんです。古びることは悪いことじゃなくて、むしろ良いことなんです。だからこそ、新しいご縁をつくり、それが潜っていくと良い。

前野　ふうむ。それはおもしろいですね。

保井　アメリカに移住して30年くらい経つ知人は、子どもの小学校通学をきっかけにして、近所4人の母親で毎朝散歩をするようになったんだそうです。ご縁が生まれたんですね。その後、子どもたちは卒業し、もう結婚して孫もできていたりするんですが、その4人の母親はいまも毎朝そろって歩いている。このご縁はもう古びていますから、ワクワクなんてしない。

前野　しないんだ（笑）。

保井　ええ（笑）。最初は、移住間もない日本人母として「異文化に溶け込んでいる」というワクワク感があったようですが、30年も経っていますから、そういう感覚はもうまったくないんだそうです。でも「すごく心地いい」といっていました。

前野　なるほど、幸せではあるんですね。それもワクワクと呼んでいい気もしますが？

保井　うーん。でも表層のものではないと思います。あえていうなら、もはや古層になっているワクワクでしょうか。

前野　なるほどねえ。無意識的なワクワクということかもしれませんね。

「幸せに働く」とはどういうことか

前野　ちなみに保井さんは何をしているときに幸せを感じますか。

保井　何でしょうね。静かな水面でとてもゆっくりとカヤックを漕いでいるときですかね。

前野　論文を書いているときは？

保井　幸せです。カヤックと同じくらいの幸せを感じます。どちらも「他のことを何も考えていない」という点が共通していると思います。ただ、日常の業務をしているときは、すごく疲れるんです。たぶんいろんなことを考えてしまっているんでしょう。多方面から襲い掛かってくる情報を、タイムシェアリングシステム(TSS。時分割方式)コンピュータみたいに同時処理していくイメージです。めんどくさいですよ(笑)。

前野　業務は幸せではないんですか。そういう作業も幸せにできれば、幸せな世界ができるのになと思うんです。無理ですかね?

保井　あり得ると思います。前野さんが、issue+designの筧裕介さんと一緒におこなわれた研究に「女性にとっての職業の幸せ」を調査したものがありましたね。コンサルタントやクリエイティブな仕事では幸せ度が高く、一般事務職では低い。なぜそうなるのか、直感的にわかる気がするんです。一般事務職では、わたしと同じように数十の案件を同時に抱えていたりしますよね。ミスは許されないのに、ミスしないことは評価されない。

前野　しかも、思いを込めてやるというよりも、定型的な作業が求められることも少なくない。だから低いんですかね。

保井　そうですね。コンサルタントやクリエイティブな仕事は業務に集中して、フロー状態になれるので幸福度は高くなるだろうなと思います。

前野　ということは、事務処理ももっとクリエイティブにできる世界にすれば、もっと多くの人が幸せになれるかもしれない。

保井　そう思います。

前野　わたしも事務処理をすることがありますが、誰かから相談を受け、ふさわしいと思う人につないだりするとき、「これはきっと上手くいくぞ」なんてワクワクします。こんなふうに思いを込めて事務処理をできるのは、贅沢なことなのでしょうか。

保井　自分のやりたいようにやれる「裁量」が大きければ、事務処理も幸せにできそうです。

前野　なるほど。毎日それなりの数のメールを読みますが「こう来たか」なんて、ワクワクしちゃってますからね（笑）。そんな感じで、保井さんも「このプロジェクトでみんなを幸せにするぞ」というふうにやるわけにはいかないですか？

保井　前野さんの境地に達すればやれるかもしれません（笑）。

前野　うーん（笑）。

保井　あとは無心に自転車を漕いでいるときも幸せです。びゅんびゅん過ぎていく風景に自分が溶け込んでいる感覚がすごく心地良いですね。

ダイアローグと幸福学は似ている

前野　カヤック、論文、自転車ですか。うむ。いまふと気づいたんですが、ダイアローグの４つの行動と、幸せの条件は重なっていませんか？

保井　ああ、一緒ですね。たぶん同じだと思います。自転車に乗ってるとき「ここでペダルを漕がなくては」「よしベルを鳴らそう」なんてロジックでイチイチ判断はしていません。無意識に身体が動いている。ダイアローグの4つの行動を一緒にやってると、自転車が無意識に漕げる。一緒じゃないですかね。

前野 論文を書くのが幸せなのはわたしも同じなんです。でも、論文は論理で判断しないと執筆できませんよね。それなのに幸せなのはなぜなんでしょうね。

保井 ああ、どうしてなのかな。ロジックをつかってるはずだけど、そうですね。ほとんど意識していないですね。

前野 ですね。わたしもそうなんです。論文初心者だったころは書けなくて悩むこともあったけど、いまはもう自然に脳から流れ出てくるものを無心で書いている感じなんです。

保井 一緒です。そうやって書いてますね。

前野 論文というロジック100%なものをつくっているにもかかわらず、わたしたちの脳のつかい方はもしかして全然ロジカルじゃなく、むしろ感性で、無意識からの流れで書いている?

保井 ああ、おそらくそうですね。

前野 論文や本を書いていていちばん楽しいのは、脳から次々に言葉が出てきて、ロジカルになんて考えなくて、流れるように執筆できるときです。本当に心地良い時間で、気がついたら5時間経ってたりする。まるでモーツァルトになったような、そんな感じではないですか？

保井　そんな感じです。ダイアローグの4つの行動、聞く、大切にする、保留する、出すという振る舞いが無意識のうちにできている。これが自然にできると、すごく幸せ度が高いんじゃないでしょうか。

前野　ですね。

保井　普段の生活のなかで、カヤックとか自転車とか料理とか大工仕事とかアート制作とか、自分が自然にそういう振る舞いができるものを何個ポケットに入れているのか。たくさん持ってると幸せ度は高くなるのではないか。ダイアローグは、幸せなポケットのつくり方なのかもしれません。

前野　おお。ダイアローグは幸福学なんだ。どちらもバランスのとれた美しいあり様への道だから似ているんですかね。

保井　はい。目指しているのは、心地良い状態になること。ゴールも同じですから。

前野　幸せの極致は、「利他」的であることなんです。ダイアローグにそういう要素はありますか？　ざっと考えると、4つの行動のうち「聞く」「保留する」というあたりには、自分の主張を手放す感じがありますね。

保井　そうですね。

前野 ただ「利他」という言葉自体が非常に近代合理主義的な概念だともいえるんです。利己とか利他とか、そもそもそんな分け方があるのかという問いかけも可能でしょう。少なくとも我々日本人には両者を区別する感覚がそもそもあったのか。ないんじゃないかとも思うんです。

保井 西洋流にいえば、何かを「意識」しようとするのはego（エゴ、自我）の働きです。だから、エゴを手放すことが利他になる。つまり、意識を手放すことなんだろうと思います。

前野 なるほど。ということは、意識していたら、利他にはならない？

保井 ええ。やっぱり意識したら、自分のことをまず考えてしまうのではないですか？

前野 ああ、そうか。「他人のために良いことをしなければ」というのは、偽善っぽい感じもしますね（笑）。

保井 はい。意識すると「良いことをしなければいけない」という自分がどうしても存在します。でも意識を手放していれば、利他になれるし、利己と利他を分ける理由もなくなるんじゃないでしょうか。

前野 そうですね。手放さなければ「あの人に良いことをしたら、自分が良く見られるだろう」という論理の世界に入ってしまいますね。本当の利他は、自分の利益を顧みない行為ですよね。だから、論理を超えている。そこにヒントがありそうですね。

保井　はい、そう思います。

前野　意識していると利他にはいきにくい。本当の利他は無意識から湧き出る。悟りにも似ていますね。幸せと利他と悟りとダイアローグは似ている？　謎が深まってきましたね（笑）。

ダイアローグは無意識のなかに入れる能力である

保井　もう少し厳密に、幸福学からダイアローグを検証させてください。第4章でも少し触れましたが、中村一浩さんの小布施インキュベーションキャンプ（ＯＩＣ）、小布施イノベーションスクール（ＯＩＳ）の手法も、幸せの4因子で説明できると思うんです。ダイアローグを通じて、リフレクティブにいったん自分の心のなかに戻り「何がやりたかったのか」を確認し、それを取り戻すことが、自分のバネになるという第1因子「自己実現と成長」（やってみよう！因子）につながり、同じような目的を持つ人たちによる集団での対話が、第2因子「つながりと感謝」（ありがとう！因子）を満たし、幸福度を高める。このツーウェイが、イノベーションを実現する力になるのではないでしょうか。

前野　おお、見事ですね。せっかくなので調子に乗っていわせてください（笑）。小布施のダイアローグには、第3因子、第4因子も関係してるんですよ。

保井　それはぜひ聞きたいですね。

前野　第3因子は「前向きと楽観」（なんとかなる！因子）ですから、自己受容、他者受容ができていることだといえます。ダイアローグを通じて、自分の良いところ、悪いところを知り、「これで良いじゃないか」と気づいて受容する。そのきっかけは「他者に受け入れられている」こと、つまり、そこが安全な場であることが作用しているんです。

保井　はい。

前野　第4因子は「独立と自分らしさ」（あなたらしく！因子）です。ダイアローグ的な対話がきちんとできていれば、誰かの意見に同一化するのではなく、ある種の達人性というか、自分の本当にやりたいことを見つけることができるはずです。その結果、第2因子と上手く絡み合っていく。

保井　ああ、なるほど。

前野　ＯＩＳで教えている、システム×デザイン思考だけでもアイデアは出るけど、参加者が幸せかどうかはわかりません。でも、対話をしたあとで学びを実践すれば、自分も幸せ、チームも幸せになっているので「なんでも来い」という状態です。だからアイデアの実現がハイリスクであっても、失敗を恐れずチャレンジできるんだと思うんです。それは、自分自身の幸福感と、何かがあっても助けてくれる人たちがいるという安心感があるからじゃないでしょうか。もしかしたら、ダイアローグは幸せになるためのツールであるとも、幸せなときにこそ上手くいくものとも、いえるのかもしれません。

保井　そうなのではないでしょうか。ダイアローグは、主観的なウェル・ビーイングを向上させるものだと思うんです。ダイアローグを「無意識のなかに自然と入っていける能力」と定義するなら、すごく相関している気がしますね。

前野　なるほど。たしかにそう思えますね。

Googleはなぜマインドフルネスを取り入れたのか

保井　やや冒険的なことをいいますと、いわゆるフローも幸福の4因子がすべてそろっていて、無意識のなかからやりたいことや意欲がどんどん湧き出てくる状態なのではないでしょうか。もしそうだとすると、自分とのダイアローグが完璧にできていて、かつ、幸福度も高まった状態と考えることができます。

前野　うーん。たしかにフローという概念を提唱しているポジティブ心理学は幸福学と非常に近いと思っています。ただ、わたしは、フローと幸せは別のもののような気もしていたんですよね。

保井　そうですか？

前野　でも、いまのお話は納得できます。横軸に能力、縦軸にタスクの困難度をとると、斜めにフローのゾーンが出てくるという有名な図[12]がありますね。各々の能力に対して、難しすぎず、やさしすぎないところ、まあ「ちょっと難しいけど、ギリギリできるチャレンジ」の場合にフローに入りやすいとするものです。

保井　はい。

前野　これを「自分をよく知っていること」と「ちょうどいいチャレンジが与えられるような場にいること」の2つが条件だと言い換えると、たしかに幸せの4因子を満たしているからフローになるともいえますね。実現すべきことがわかっていて、それを見守るまわりがいて、しかも「難しすぎる」「簡単すぎる」と怖気づかないような自己受容ができていて、独創性がある。うん、なるほど。フローの条件も、幸福学、ダイアローグと似ていそうですね。

保井　ええ。そうだとすると、なぜGoogleがマインドフルネスやＳＩＹといった、ダイアローグ的な手法を企業として取り入れたのかも説明できませんか？　リフレクティブに自分と対話すること

12　フローの図

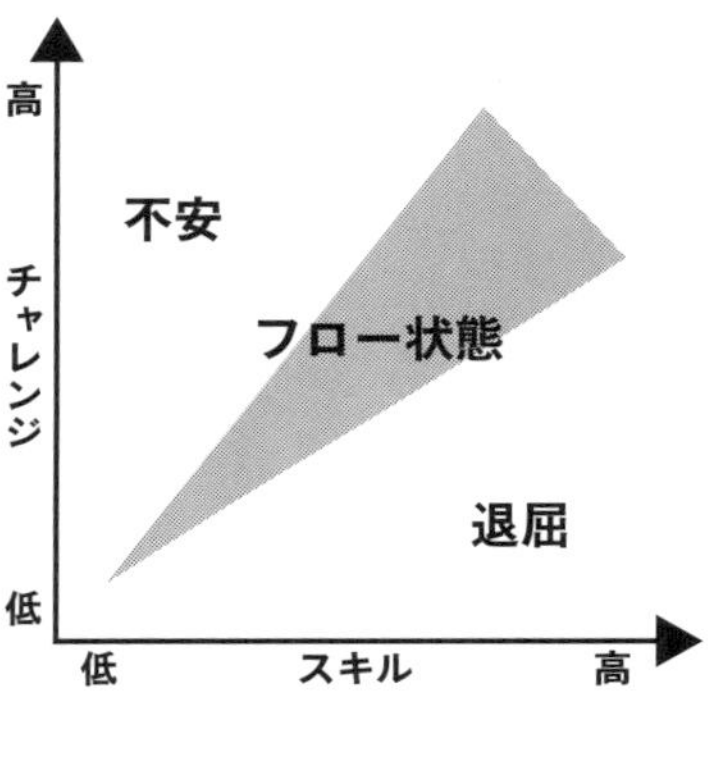

※M・チクセントミハイの「フロー理論」の図を参考に編集部で作成。

で、フローな状態に入りやすくなるのだとすれば、彼らの仕事はよりクリエイティブになり、しかもやりやすく、楽しくなります。これは会社の業績にもつながるし、働く人々のやりがい、幸福度の向上にも貢献する。Googleはそのことにいち早く気づいた企業だったといえるかもしれません。

わたしたちはGoogleのエンジニアと同じことをするべきか

前野　なるほど。ただ、ふと思ったんですが、Googleのやり方をそのまま日本に持ってきて意味があるのかという議論がありますよね。

保井　ええ。

前野　彼らが取り入れているマインドフルネスやSIYは、幸福学でいえば、おもに幸せの第2因子「つながりと感謝」（ありがとう！因子）を満たすものです。セロトニン的な穏やかな心をつくることに重点を置いている。しかしここまで見てきたように、イノベーションを起こすには、他の因子（目標、自己実現への意欲、自己受容、他者受容、独創性）も必要でしょう。もしかしたら、Googleが採用するような優秀なエンジニアは、もともと幸せの第1、3、4因子は持ち合わせていることが多いのではないですか？

保井　そうかもしれません。

前野　とすると、心配になってきませんか？　第1、3、4因子が満たされていない人が、マインドフルネスだけを取り入れたら「みんなとつながれば幸せだし、このままでいいじゃん」と弱い安定にとどまってしまうのではないでしょうか？

保井　そのリスクはあると思います。例えば、地域活性化デザインを実践している人たちの一部を揶揄《やゆ》する表現として、嫌な表現で賛同できませんが、「里山箱庭カフェ系」なんて言葉があります。古民家を改装した里山カフェでまったりしてる箱庭的な感じの人たち、とくくってしまわれる。

前野　そうなんですか。

保井　ええ。里山に小さな古民家カフェをつくること自体は意味のある試みだと思うのですが、実際にその場が地域の人々のクリエイティビティをどのくらい、そしてどのように広く高めていくのか。正直にいいますと、そこは未知数だなと思えるケースはたしかにあります。

前野　うーん。

保井　そうなってしまうのは表面だけを真似るからだと思うんです。例えば、自分のやりたいことを無意識のなかから掘り起こしていくようなダイアローグはできているのか。それがなければ、カタチにはできません。そういう「実現したいこと」を探す作業を、日本ではあまりやっていないのではないかと感じています。その一方で、自ら無意識に問いかけて、自分流をブレイクスルーし、地域に創造性の高い場を続々とつくられている成功例も少なからずあります。

前野　たしかに、そうかもしれませんね。アントレプレナーを育成するような起業家塾的な場にいくと、第1因子、第4因子を高めたいという空気に満ちています。でもそういう場に参加している人々の多くは、その因子はすでに持っているのではないかと感じるんですよ。むしろGoogleのように第2因子に注目したらどうかというんですが、「マインドフルネスとか興味ないです」といわれちゃう（笑）。

保井　ああ（笑）。

前野　別の場では逆の傾向もあります。地域活性化や社会貢献をやろうという人たちのなかには、すでに第2因子が満たされているのに、さらにマインドフルネス的な方向にばかりいってしまうというケースがある。両者のミスマッチをなんとかしたいと常々思っているんです。例えば、自分を磨くアントレプレナー系と、優しい社会貢献系。彼らが交流したら、互いに良い刺激を受けられるんじゃないか。それぞれの持つ良さを活かしあうことができるんじゃないか。このような、多様な人々の融合については、アメリカのほうが上手くいっている気がしますね。日本は上手く混ざっていないところがありませんか？

保井　それは辺境である日本が、都合の良い部分だけを選択的に輸入してきたという特性に由来しているのではないでしょうか。だからますます自分の都合の良いほうに蓄積してしまう。良いところであり、悪いところでもありますが。まずは、無意識から何かを生み出そうとするとき、日本人にとってチャレンジングになるのはどの部分なのかを分析し、そこをつなげていく作業が必要だと思っています。

前野　そうですね。Googleのエンジニアに限らず、アメリカなどでダイアローグ的手法を取り入れている人々と、平均的な日本人とでは相当違うはずです。だからそのまま輸入して、フォーマットだけを学んでも期待したような成果は得られないのかもしれません。自分たちでよく考えてつかわないといけない。

保井　ダイアローグという観点からいうと、みなさん素晴らしい活動をなさっていると思います。ただ、地域活性化でわたしが見てきた事例では、自分自身が「本当にやりたいこと」を実現していくというプロセスはあんまり目立たず、誰かが「やってみたい」といったことを助けてあげるという関わり方が多いんです。でも本当は、みな、無意識のなかでは、やりたい何か（目標や夢）、活かしたい何か（能力）を持っているはずです。そこのところを、掘り起こしていくこと。そのために自分とリフレクティブに対話すること。そしてそこから取り出した土をこね、ろくろを回すように、カタチにしていくことをやらなくちゃいけないと考えています。

前野　なるほどなるほど。とすると、第4章で紹介した方々の活動は、いずれも個を輝かせながら、つながりも求めようという先進的な事例だといえますね

保井　そうですね。やっぱり無意識からそういったものを取り出すという部分は、自覚的にやっていかないと埋没しちゃいます。里山カフェ風な箱庭空間でただまったりするだけになってしまう。それはそれで幸せなのでしょうけど、クリエイティブなことにはなかなかつながらない。

関係性の網からサラリーマンを解き放て

前野　どうやったら、わたしたちは「自分の本当にやりたいこと」を見つけ、そこに向かって歩き出せるんでしょうね。ちょっと思ったのは、人には、目標を最初に設定したがる理念先行型のタイプと、とにかく行動すれば目標はあとから出てくるという行動先行型のタイプがあると思うんです。ある人は、人生の前半は目標が必要だけど、後半はセレンディピティ[13]も身についているから、ある程度自然に任せたほうが上手くいくとおっしゃっていました。保井さんはどうお考えですか？

保井　人間は関係性の動物だと思うんです。和辻哲郎[14]先生のいう人間《じんかん》つまり、人と人の間

をつなぐ関係性によって、人間はつくられている。そう考えると、30年、40年も生きていると、関係性がどんどん複雑になって、がんじがらめになってしまうんじゃないでしょうか。

前野　ああ、むしろがんじがらめになってしまうと。

保井　ええ。ゴチャゴチャになった関係性の網を抜け出ないと、「自分は何をやりたかったのか」なんてわからなくなってしまう。だからこそ、自然に流されるがままに活動しているうちに、自分のやりたいことがふっと見つかったりするのではと思いたくなる、というのがわたしの実感です。

前野　人生後半はがんじがらめだからこそ、そう思うというわけですか。わたしはまったく逆で、どんどん自由になっていけるという感覚でした（笑）。個人差が大きいのかなあ。

保井　そうかもしれません。とくにサラリーマンをしていると、どんどん関係性の複雑さに絡《から》め取られていく感覚があります。それを解きほぐしていくことができれば、自分がやりたいことも見えてくるというイメージです。

13―**セレンディピティ**　(serendipity)　1754年にイギリスの政治家・小説家、ホレス・ウォルポーが生み出した造語。予期せぬ幸運、あるいは、探しているものとは別の価値があるものを偶然見つけること、またはその能力を指す。

14―**和辻哲郎**　（わつじ・てつろう／1889～1960年）『古寺巡礼』、『風土』などの著作で知られる日本の哲学者、倫理学者、文化史家、日本思想史家。主著の『倫理学』は、近代日本における独創性を備えたもっとも体系的な哲学書と呼ばれる。生誕百年を記念し1988年度より「和辻哲郎文化賞」（姫路市主催）が、優れた著作に毎年与えられている。

前野　それは解きほぐしたいですよね。日本人の大半はサラリーマンですから、７００万人くらいががんじがらめで苦しんでいるのではないかと心配になります。わたしも大学から給料をもらうサラリーマンですが、個人的な直感としては、サラリーマンはサラリーマン以外の人たちよりも幸福度が低いように見えます。

保井　そうなんですか。

前野　ただ、これは、少々ステレオタイプ過ぎる見立てで、わたしがおこなったアンケート調査研究では、統計的に有意な差は出ませんでした。サラリーマンもサラリーマン以外も、「まあまあ幸せ」と同じような返事をします。しかし、職業柄いろいろな職種の方に会ってみると、サラリーマンの多くが、それ以外の人よりも、ストレスに苦しんでいたり、将来を不安に感じているように見える。だから、もしかしたら現在の調査法ではわからないような主観的な差があるのではないかと思うんです。

保井　ほう。

前野　企業という仕組みは悪い方向に作用すると、社員を歯車のように扱ってしまう側面があります。これが行き過ぎると、サラリーマンは幸せには生きられない。ですから、会社組織を幸せにするというのは、日本社会にとってものすごく大きな課題だと思います。

保井　たしかに、日本の会社組織は、関係性のクモの巣に絡め取られているというイメージがありますね。これに対して、例えばGoogleの社員たちは個性豊かなエキスパートが多いイメージです。だから、個々の関係性（幸せの第2因子）を回復すれば、クリエイティビティを発揮できる。ところが日本は逆で、ただでさえ関係性でがんじがらめになっているから、まず解きほぐさないといけない。

前野　誤解を恐れずにいいますと、わたしが会う人々のなかでもっとも幸せそうに見えるのは経営者です。とくに自分で起業した小さな会社やＮＰＯのような組織を、上手くコントロールできている人。それから、個人事業主。サラリーマンでも、かなり独立した業務をしているコンサルタントやクリエーターは幸せそうです。

保井　たしかに、いまどきの就活では優秀な学生さんほど、卒業後は自分でＮＰＯ法人を設立して代表理事になりたがるそうですね。これがリアルな目標で、幸せになる早道だと知っているのかもしれません。

前野　昔は大企業や官僚を目指すものでしたけど、ずいぶん変わりましたね。

保井　就職先の人気ランキングは大企業の順でしたね。でも、そこに勤めることが幸せへの近道ではないということがバレちゃったんでしょう（笑）。

前野　もしいま大学を卒業したばかりだとしたら、何になりますか？

保井　どうでしょう。ＮＰＯをつくって地域活性化をやっていたかもしれません（笑）。

前野　そうですよね。わたしも大きな企業に就職しないで、ベンチャーを立ち上げようとしたかもしれない。時代は変わったなあ。

ダイアローグで社会を幸せにする

前野　わたしは幸福学の研究を通じて、いろいろな企業内の幸福度を高めるコンサルティングや研修をやってきました。そこでわかったのは会社を幸せにする鍵は「ちゃんと対話をする」ことに尽きるということなんです。これは本書のテーマに合わせてるわけではなく、本当にそうなんですよ。

保井　ええ。

前野　「家族」という集まりを考えてみて欲しいんです。家族は利害関係抜きで、日々の対話を通じた心のふれあいをベースに、きちんと日々まわっている。社会人にとっては、会社も家庭と同じくらい長い時間を過ごす場でしょう。だから、家族と同じように日々対話することができれば、幸せになれる。それだけのことなんですよ。

保井　よくわかります。でも、日本近代文学の大きなテーマの1つは、封建的で個人をがんじがらめにして不幸にする「イエ」からいかにして逃れ、自我の自由を確立するかでした。やや誇張気味な表現になりますが、現代の日本においても「個人を不幸にする会社というがんじがらめの組織をいかに改革するか」という大きなテーマが依然として残されていると思います。

前野　たしかに会社という組織には、上下関係による指示や命令があったり、業績を維持するためのノルマがあります。だから、放っておくと管理する―管理されるという関係になってしまう。でも対話をしてもらって「上司の叱責はこういう意味だったんだ」「部下が失敗したのは能力がないのではなく、向き不向きの問題だったのか」なんていうことがわかり、信頼関係を取り戻せると、それだけで幸福度は相当上がります。組織の仕組みを変えなくても、幸せになれる。

保井　なるほどなるほど。「イエ」も会社も幸せのつかみ方は同じですね。

前野　あるメーカーで、幸福度アップ研修をやったんです。メーカーというのは業務の改善提案に熱心なところが多くて、社員も熱心です。彼らの提案で業務はどんどん効率化が進むんですが、その結果、個人が不幸になってしまうという皮肉な構図があるんです。そこで、「幸せ改善提案」を社長命令で全社員に出してもらうことにしました。強制的に出させるというのが、日本の企業っぽくて、逆におもしろいですよね（笑）。

保井　ははは（笑）。

前野　でも、そうしたら「現場では最後に必ず『ありがとう』といおう」とか「おやつタイムを設ける」「ネガティブ会話禁止デー」なんて、業務に支障の出ない範囲でできる小さな、でも対話を促すようなおもしろい工夫がたくさん出てきたんですよ。そして、それを実施してもらったら、みるみる幸福度が上がったんです。

保井 おもしろいですね。たしかに現代の日本の会社は関係性の塊ではあるんですけど、自分の心にリフレクティブに潜っていくこと、対話を促進するような形にはなっていません。パソコン画面を見たり、表面的な計数の管理に追われたり、一方的な言葉の受け渡しに終止している。なぜ自分はこんなことをいっているのだろう、しているのだろうと振り返るような時間はないし、それを伝え合う場もない。そこに気づけば、前野さんがおっしゃるように、早く、幸せになれるということなんでしょうね。

前野 そうですね。実際、ムーブメントは起きている。「人を大切にする経営学会」発起人である法政大学の坂本光司[15]先生は、社員と社会を幸せにしている会社の事例をたくさん集め、理論化、体系化を目指している第一人者です。天外伺朗[16]さんのやってる「ホワイト

15―**坂本光司**（さかもと・こうじ／1947年～）経営学者。法政大学大学院静岡サテライトキャンパス長、政策創造研究科教授や、人を大切にする経営学会会長ほかを務める。著書『日本でいちばん大切にしたい会社』（あさ出版刊）はベストセラーとなった。専門は地域経済論・地域産業論。

16―**天外伺朗**（てんげ・しろう／1942年～）本名は土井利忠(どい・としただ)技術者・経営者。ホロトロピック・ネットワーク代表。ソニー勤務時代、コンパクトディスクや犬型ロボットAIBOの開発を手がけたことで知られる。同社業務執行役員上席常務やソニー・インテリジェンス・ダイナミクス研究所社長兼所長なども務めた。

企業大賞」も、人々を幸せにする会社を顕彰し、そのメカニズムを探るという試みです。わたしも大企業の経営者らと「幸せでい続ける経営研究会」を始めました。まだ決して多くはないけれど、そういう「幸せな会社経営」を志向しようという声は高まっているし、実際に増えている。手応えも感じています。

保井　ええ。

前野　これからやるべきアプローチは、対話ですね。ダイアローグのムーブメントを起こせば、日本でもかなり多くの会社で幸福度が上がるんじゃないかと考えています。もし7000万人の閉塞感を解きほぐせれば、GDPだって上がるんじゃないでしょうか(笑)。

保井　それは実際大きな貢献になると思いますよ。金子能宏《よしひろ》・佐藤格《いたる》両先生らによる国立社会保障・人口問題研究所の取りまとめで2009年に試算した、自殺とうつ病による日本の経済的損失は年間2兆7000億円にものぼるのだそうです。こうした方たちが幸せな気持ちで経済活動に従事できれば、かなり大きな経済効果があるでしょう。

前野　そうですよね。心の病気ではないけれども、閉塞感ややる気の減退を感じている人たちに起因する見えない損失まで含めると、不幸な経営による経済損失はもっと大きいんじゃないかと思うんです。これを改善したい。

保井　日本経済の活力回復につながる話ですから、経営者にも経済政策の立案者にももっと注目されていいと思いますね。

前野　幸せな人はパフォーマンスも創造性も高いという研究データもあります。幸せな人は意欲も満ちているので、経営者にとっても良いことだらけなんですよ。

保井　社会やそこで生きる人々のウェル・ビーイングを高めるというのは、学問の大きなテーマだと思います。前野さんは「幸福学」というアプローチで、その全体像を提示してくださっている気がします。わたしが意識しているのは「歴史のなかを生きている自分」の社会システムとしての関係性です。戦後の日本経済の発展、社会構造の変化において、地縁血縁に代表されるような「つながり」がいったん失われた。そうしたところに、水平なソーシャル・キャピタル[17]（社会関係資本）が形成され、新たなつながりが回復されようとしている。そこに惹かれて、興味があって研究している。アプローチの入口は違うのに、前野さんもわたしも、リフレクティブであることを目指すダイアローグに可能性を感じているのは、すごくおもしろいですね。

前野　おもしろいですねえ。おそらくダイアローグは、いまのわたしたち、いやすべての現代人に必要な要素の多くを網羅しているということじゃないでしょうか。

保井　そう感じますね。

17｜ソーシャル・キャピタル　（Social Capital）人々の協調行動を活発化することによって、社会の効率性を高めることのできる、「信頼」「規範」「ネットワーク」といった人間関係の資本。物的資本（Physical Capital）や人的資本（Human Capital）などと並ぶ新しい概念である。

第5章のポイント

進歩主義的歴史観（歴史は必ず進歩する）にとらわれずに
未来を考え、つくることが求められている。

ダイアローグを通じて無意識にアプローチすることは
「古層と表層を行き来する窓」をつくることである。
それによって、従来の論理では表現できなかったモノ
（美や感情など）を論じることができるのではないか。

アメリカで体系化されたダイアローグは、
意識の表層を論理でまとめることを強調する傾向があり、
日本向けにさらに古層から無意識を
汲み取れるよう組み立て直す必要があるのではないか。

より豊かな生き方、働き方を追求していくうえで、
ダイアローグは非常に有効である。

現在の社会（表層）を幸せにすることは、
未来の古層を豊かにすることでもある。

あとがき

本書を最後まで読んでくださり、本当にありがとうございました。

読み終えた読者のみなさんはひょっとしたら、著者であるわたしたちに次のような質問をしたくなったのではないでしょうか。

「この本は何を目指したのですか」

「この本はなぜ対談本という形式なのですか」

「なぜこの本を世に送り出したいと著者たちは思ったのですか」

「最高のダイアローグとはどんな対話なのですか」

そして、

「この本をいちばん読んでもらいたいのはどんな人でしょうか」

これらのご質問に読者のみなさんとの対話として、順次お答えしていきましょう。

本書が目指したものは何だったのでしょうか

「無意識と対話する」というお題で、ダイアローグという、いまもっとも注目されている手法の1つを用いました。そして、無意識という歴史と頭脳の古層からクリエイティブな発想を汲《く》み出せるかどうか、その方法論をつくり出す試みでした。それが本書の目的です。

本書を読みながら、3組の「仲間」と同時に対話の旅をしている気になっていただけたのであれば、とてもうれしいです。1組目の旅友達は、わたしたち著者。そして2組目の旅友達は、我々が知の巨人と仰ぐ、本書でご紹介させていただいた先達の先生方。そして何よりも大事な3組目の旅友達は、読んでくださった読者のみなさんの心のなかの「ロジカルではぜんぶ括《くく》れない部分」。

日常生活では、会社や学校で論理的に説明することに全身全霊をつかい、SNSやメールで週7日間、24時間絶え間なく合理的な判断を迫られる。このような生活では心のなかの半分が忘れられてしまうのではないでしょうか。すなわち論理では割り切れない気持ち、感性、ならびに何となくのもやもやなどという心の作用。それらの心の部分は、本当は社会や個人の人生ではとても大切な、クリエイティブな部分のはずなのに、人生の旅から置いてけぼりをくらうことが多いのではないでしょうか。

しかし、それらの我々が「無意識」と呼んでいるものこそ、世の中を前向きに変えていくための創造性の発揮に必要なのだと思います。本書を読んでいただいたことが、かけがえのない自らの無意識を旅の道連れに、内省的ダイアローグの旅に出るきっかけになるとすれば望外の喜びです。

本書はなぜ対談本という形式なのでしょうか

無意識との対話をテーマにした本書の執筆から、さらなる知的創造が生まれますように。そう願って著者たちはこの本のつくり方から新しい何かを創発させるために、ある仕掛けをいたしました。それは対談本という形式を選択したことです。

対談の速記録を本にするという本のつくり方は、著者の知るところでは日本以外にはないやり方です。15世紀に活版印刷術を発明したグーテンベルク以来発達した欧米流の出版の世界では、極端にいえば、著者ひとりの論述こそが本の真髄です。出版とは宗教や文明を伝える、または著者が自ら信じた信念や論理について、ある世界観をもって、あるときは論理的に、またあるときは叙情的に「ひとり語り」するものだと観念されているからです。2人以上の異なる主張が並走する書物というのは、まずは考えられなかったでしょう。

他方で日本では、漫才をはじめとする演者2人以上の話芸を、速記録の形で書物にして読むという伝統がもともとありました。その伝統に乗ったということでしょうか。文豪の菊池寛が大正期に創刊した『文藝春秋』をはじめ、大正期から昭和初期にブームとなった総合雑誌ではさかんに対談という形式が用いられました。それが読者に大ウケしたのが対談本の起源だという説があります。

だとすれば知的創造という作業は、日本においては、個人ひとりの力量（アルテ）でなされるものではありません。京都学派の哲学者の巨人である和辻哲郎がかつてそう書いたように、人と人との間すなわち人間《じんかん》、つまり関係が構築された人と人との対話のタテヨコの糸によって、「知」は織物のようにつくり出されるのです。そのことを、日本人は昔からよく知っていたのではないでしょうか。そしていまやその伝統が、ダイアローグやマインドフルネス、協働、協創という言葉となり世界中で流行するようになったのです。

国際舞台での日本人の活躍には目覚ましいものがあります。国際的研究拠点や国際機関などで日本人職員の方がバリバリ活躍しておられます。他方で一部には「日本人は主張が弱い」「日本人は何を考えているのかわかりにくい」、そのように批評されることもあると聞いています。しかし、日本の多くの人にとって、知的創造が人と人との間の対話によって生まれることが自明なのであれば、自らの主張を押し通す以外のコミュニケーションの方法があるはずです。

すなわち、対話によって相手と新たな価値を協創するという方法です。その前提には、自分自身とのリフレクティブ（内省的）・ダイアローグによって、自分が何をしたいのかが汲み上げられている必要があります。汲み上げられたものは、コーズ（社会的大義）やアジェンダ（人生の目標）といわれるものが多いでしょうか。そのコーズやアジェンダが利他的でフラットな関係性を対話の相手との間につくり出し、新しい価値を創造することにつながります。そう考えると、わたしたち日本人にとってのチャレンジは、むしろ心のなかにある「何か前向きな良いことをしたい」という想いを汲み上げ、カタチにしているかどうかということかもしれません。

往々にしてヒエラルキーに満ち、組織の硬い殻に阻まれてその実現は難しいことかもしれません。しかし、「古層」からその手法を汲み上げることのできる日本の多くの人にとって、この時代はイノベーションを創発するチャンスに満ちています。

小むずかしい表現をつかうと、マルチ・ステークホルダーによる協働・協創。社会関係資本を活用した公共価値の創出。システムの需要者と製作者が超上流から対話しながらシステムを開発するアジャイル思考。これらの概念を貫く「対話によってイノベーションは生まれる」というコンセプトを説明するのに、本書自身も対談という知的生産の枠組みを用いました。

しかも対話のお相手は、前野隆司さんです。著者2人のこれまでの職業や研究分野や性格はまったく対照的。しかし、幸福学や社会システム、ソーシャルデザイン、イノベーション論そして地域活性化の研究で数多くの研究を一緒にさせていただいています。そして対話の場所は、前野さんのいる横浜と、著者が昨年7月から在住し研究している米国のワシントンDC。まさに東洋と西洋に分かれた対話です。それが、1万キロ以上離れた2つの場所を結ぶ、Skypeというバーチャルな対話のデバイスで、時差を越え、距離を越えておこなわれました。つながっているという感覚も聴覚と視覚の2つに絞り込み、集中力を高めました。この対談の枠組みも1つの実験だったのです。

対談という無意識の糸を繰り出しやすいフォーマットで、果たしてどのような知の織物を著者2人と読者のみなさんとの間で織り上げることができたのか。ぜひ読者のみなさんから我々への、さらなる対話をお願いしたいところです。

著者は本書をなぜ世に送り出したかったのでしょうか

わたしはソーシャルデザイン、社会システムそして地域活性化をメインの研究分野とする研究者です。イノベーション創発のためのワークショップを2016年7月まで、ほぼ4年間無報酬で日本の各地で続けてきました。システム思考およびデザイン思考というイノベーションの方法論がワークショップの根底です。週末を中心に日本中をまわり、ワークショップに参加いただいた方はのべ４０００人を超えました。

ワークショップを主宰しながら感じたことは、意識と無意識のバランスが地域のイノベーション創発のために、とても大事だということでした。イノベーション創出のための技法を数多く論理的に伝授すると、失礼な表現だったら申し訳ありませんが、そこは「お勉強好き」の多い日本人。瞬く間に学習し、つかえるようになります。ところがその後、それが社会を前向きに変えるための実践、すなわちソーシャルイノベーションに結びつくかというと、そう一筋縄ではいきません。「いいお勉強をしたねえ」で終わってしまうことが多いのです。そういったら、少し辛口に過ぎるでしょうか。

意識のレベルでロジカルにイノベーションの方法論を学ぶことと、無意識のレベルで自分がつくり出したいことに向き合い、心持ちを前向きに感じていくこと。「いまを変えたい」と声に出していくこと、そして声をとりあえず出してみることを恐れないこと。さらに、つながり上手になること。地域や他の方々とのオープンかつフラットで温かい関係の構築に長けていること。地域や友人とつながっているから、自分自身の幸福度もとても高いということ。地域で素晴らしいイノベーション活動を実践していらっしゃる方は、ほぼこれらの特徴をお持ちでした。

日本という文脈を離れても、有名な世界的ＩＴ企業のGoogleやeBay、そしてシスコシステムズなどの経営者たちがこぞって、マインドフルネスやレジリエンスという概念を理解し、無意識から汲み上げられるクリエイティビティに注目する時代です。これまでは必ずしもスポットライトが当たってこなかった、無意識からのダイアローグがイノベーションを生み出す力はもっと注目されて良いでしょう。

最高のダイアローグとはどんな対話でしょうか

人が10人寄れば、10以上のダイアローグのやり方があるでしょうね。ひと口に、これが最高の対話というのは、挙げるのは難しいかもしれません。何か新しい思いや考えが閃光のように走る、心のイノベーションの瞬間が訪れる対話は、ひとりひとり出現のタイミングを異にするからです。その代わりといっては何ですが、わたしがもっとも印象に残る対話を１つ挙げてみましょう。

わたしはこれまで、インド、フランス、米国などに住み、さらにアジアやヨーロッパの40カ国以上をバックパックを背負って歩いた経験があります。駅のホールで寝袋にくるまって寝たり。お金がなくなって、パンと水だけで過ごしたり。でもそんな一人旅では、自分自身と対話する時間はたっぷりあります。そして旅の途中で知り合う、話す言語の異なる友だちとも対話を多くします。

そのなかで、生涯の印象に残る対話を経験しました。25歳のときです。

ふらりと寄ったスペインの田舎町の酒場。カウンターの親父さんが「まあこれを飲め」とばかりに、壁の後ろのほうから出して1杯を注いでくれました。値段は高くないけどとっておきのワイン。そこでのカウンターの親父さんとの対話です。

「何のために旅してるんだい」親父さんが問いかけます。多くを語ったわけではありません。むしろ寡黙な感じ。単語だけを並べて2時間ぐらいポツリポツリと。これまで歩んできた道、そしてこれから実現したい夢のこと。きっとわたしの話した言葉はほとんど親父さんには通じてなかったのでは、といまでは思います。しかし、親父さんは2時間、カウンター越しに付き合ってくれたのです。そして、この些細な対話こそが、わたしが自分のやりたいことと本当に向き合うきっかけになりました。スペインの風土と文化がわたしを、自分自身の夢や目標の実現に向けてご縁結びしてくださったのです。

あるいは、小津安二郎監督が撮った名作映画『東京物語』のラストシーン近くにも、印象に残るリフレクティブ（内省的）・ダイアローグの代表例が出てきます。

最愛の妻が病で息を引きとったばかりの主人公・周吉（笠智衆）と、周吉の戦死した息子の妻で、姑の看病に東京から駆けつけていた紀子（原節子）が、周吉の尾道の坂の上の自宅近くから、盛夏の夜明けの瀬戸内海を2人で並んで眺めます。

「ああ……きれいな夜明けだなあ……今日も暑うなるぞ」周吉のセリフはこれだけです。周吉と紀子との対話の言葉もこれだけ。しかも両者は顔を見合わせているわけでもなく、並んで海を眺めているだけです。しかしこの瞬間、周吉と紀子は自らの思いも相手への気遣いも双方向で通い合っています。彼らは最愛の人たちをともに失った過去を内省し、まわりの人たちとの関係性を大事にしながらも、これから独力で生きていく決意を改めて静かに心のなかで固めます。周吉と紀子は2人の間のみならず、自分自身の「いまここにいること」と十全に対話しているのです。

これらの対話のありようは、いまもっとも現代社会に必要とされていることを取り戻すきっかけになると思います。エンゲージメント、すなわち他者とのご縁を「無縁社会」のなかでもやい直していくこと。そのためには、まずまわりの人たちとの対話だけでなく、自分の心との内省としての対話、さらには家族やコミュニティー、地域の文化や風土へのエンゲージメントが、何よりもそこで暮らす個人の幸福や生き生きとした生き方の実現のために必要なのです。さらに「分断の時代」といわれる現代だからこそ、憎しみや暴力といった悲しい出来事が地球上で発生し続けるこの時代こそ、大きな社会課題を解決し、世界に大きな愛と平和を実現するための対話が求められていると思います。

本書のなかで、古層にもぐる文化のあり方の関連として、ノーベル文学賞を受賞したラテンアメリカの代表作家で小説『百年の孤独』を書いた、ガルシア・マルケスの文学の対話性について触れました。ノーベル文学賞を同じく受賞したメキシコの外交官であり詩人のオクタビオ・パスは彼の詩論で次のようにいっています。「詩は存在のもっとも深い層に生きているが、一方、イデオロギーや、われわれが思想とか主義主張と呼ぶものはすべて、意識の表層を形成している」。詩のように心の奥から湧き出る対話の言葉こそが、歴史の古層から無意識をすくい取り、新しい科学と創造のあり方を指し示してくれると信じています。

この本をいちばん読んでもらいたいのはどんな人でしょうか

まず何よりも、読んでいただいたみなさんに心からの感謝を申し上げたいです。読んでいただいたあなたこそ、いちばん読んでいただきたかった方です。無意識とダイアローグに関心を持っていただいているみなさんに本書を読んでいただけたのが、最高の喜びです。

本書で紹介させていただいた対話の先達の先生方のご業績、そして対話に関する学説や研究動向については、できるかぎり脚注を入れたりして、客観的かつ平易にその歴史的意義も含めて対談のなかで触れたつもりです。他方で説明が断片的だったり、やや単純明快に過ぎるなど不十分なところがもしあれば、それはひとえに筆者の未熟さのゆえんです。これからさらに勉強させていただきますということでご海容願えれば、ありがたく存じます。そして、さらに本書を良いものにしていくべく、対話を引き続きお願いできればありがたく存じます。

そして何よりも、感謝したい方々がいます。縦横無尽というかわがまま放題というか、世界と歴史を縦横に駆けめぐった我々の対話を、優れた構成でまとめてくださったライターの古田靖さん、ならびに今回の企画を誰よりも愛してくださり、出版を可能にしてくださったワニ・プラス編集長の宮崎洋一さんです。お2人に心から感謝申し上げます。

また、金融コンサルタントで河合隼雄先生の学燈を受け継がれる玉井豊文氏には、貴重な助言をいただきました。改めて御礼を申し上げます。

なお、わたしは現在の職務上、本書は無報酬で執筆をしており、意見にわたる部分は私見であることをお断りさせていただきます。また本書は著者2名による共著ですが、それぞれの執筆部分はお互いにすべて目を通し、原稿に手を入れ合っており、真の意味での共著です。

本書が現代のサイエンスの枠組みをさらに押し広げ、フラットで生き生きとした関係を世界につなげていき、社会を前向きに変えていきたいと願っているすべての方々に届くことを心より願っています。ともにありたい未来をいまここから感じることで、協創を始めましょう。世の人の心を温める種火を無意識からつなげ、知と意欲と情熱のたいまつで未来を明るく照らす夢や希望を現実にするために歩むすべての方々に、本書を捧げます。

２０１７年１月

保井俊之

前野隆司　まえのたかし　（写真左）

慶應義塾大学大学院システムデザイン・マネジメント研究科教授。

1962年山口県生まれ。東京工業大学理工学研究科機械工学専攻修士課程修了後、キヤノン株式会社でカメラやロボットの研究職に従事したのち、慶應義塾大学教授に転ずる。

ロボット工学に関連して、人工知能の問題を追いかける途上で、人間の意識に関する仮説「受動意識仮説」を見いだす。

現在はヒューマンインターフェイス、ロボット、教育、地域社会、ビジネス、幸福な人生、平和な世界のデザインまで、さまざまなシステムデザイン・マネジメント研究をおこなっている。

著書に『無意識の整え方―身体も心も運命もなぜかうまく動きだす30の習慣』（ワニ・プラス）、『脳はなぜ「心」を作ったのか―「私」の謎を解く受動意識仮説』（筑摩書房）、『幸せのメカニズム 実践・幸福学入門』（講談社現代新書）などがある。

保井俊之　やすいとしゆき　（写真右）

慶應義塾大学大学院システムデザイン・マネジメント研究科特別招聘教授。1962年生まれ。1985年に東京大学教養学科卒業後、旧大蔵省入省。OECD勤務、在インド日本大使館勤務、金融庁参事官、財務省政策金融課長、同地方課長、地域経済活性化支援機構常務取締役等を歴任。

2008年より慶應義塾大学大学院で教壇に立つ。

併せて、九州工業大学の客員教授を兼務し、中央大学大学院でも教えている。社会システムと公共政策、協創と場のデザインが主要な研究テーマ。現在、ワシントンDC在住。

社会イノベーションとダイアローグの研究をグローバルに進めている。

米国PMI認定Project Management Professional。

おもな著書に『「日本」の売り方：協創力が市場を制す』（角川oneテーマ21）、『システム×デザイン思考で世界を変える：慶應SDM「イノベーションのつくり方」』（共著、日経BP社）、『ふるさと納税の理論と実践』（共著、近刊、事業構想大学院大学出版部）など。

（本書は無報酬での執筆で、意見にわたる部分は私見です。）

無意識と対話する方法

あなたと世界の難問を解決に導く「ダイアローグ」のすごい力

2017年2月10日　初版発行

著　者　前野隆司 × 保井俊之

発行者　佐藤俊彦
発行所　株式会社ワニ・プラス
〒150-8482
東京都渋谷区恵比寿4-4-9 えびす大黒ビル7F
電話　03-5449-2171（編集）
発売元　株式会社ワニブックス
〒150-8482
東京都渋谷区恵比寿4-4-9 えびす大黒ビル
電話　03-5449-2711（代表）

ブックデザイン　寄藤文平＋杉山健太郎
編集協力　古田 靖
撮影　門馬央則
DTP　小田光美（オフィスメイプル）
印刷・製本所　中央精版印刷株式会社

　ISBN 978-4-8470-9537-5